법화경은 중생 성불의 혈맥血脈

법화경은
중생 성불의 혈맥血脈

• 혜성스님 어록 •

운주사

머리말

몇 년 전『내가 저절로 성불해 옴이』란 책을 출간할 때 이 책이 내 생애에 마지막으로 출간될 것이라 생각하였는데, 그 이후에 묘법을 수행하면서 필름처럼 지나가는 글귀를 받아 적어 정리해 보니 어느덧 책 한 권 분량이 되어 "법화경은 중생 성불의 혈맥血脈"이란 제목으로 책을 출간하게 되었다.

그동안 혜성 사문이 법화경 강설집 및 수행담을 엮어 몇 권을 출간하였으나 책 출간으로 인하여 명리를 얻고자 함은 추호도 없었고, 오로지 법화경이 바르게 널리 유포됨에 뜻을 두었다. 법화경을 공부하는 후학들에게 등불이 되고 이정표가 되었으면 하는 마음으로 책들을 출간한 것이다.

이 세상에 나올 때 부모로부터 가죽부대 하나를 받고 나왔으나 이제 그 가죽부대마저 버릴 때가 머지않은 것 같다.

금생에 인간의 몸을 받아 밥값을 했는지 자신을 돌아본다.

법화경 수행과 유포함에 나름대로 신명身命을 걸고 지내온 바 세월이 반평생이 지나 해가 서산에 걸린 것과 같다.

돌아보면 고난과 질시와 훼방이 없었던 것은 아니었지만, 중생 성불의 혈맥血脈인 법화경을 만났으니 고난보다 보람이 더 큰 것 같다.

혹은 누가 이 책을 읽고 제법실상諸法實相의 도리를 이해하고 깨닫
는다면 더 이상 무엇을 바라겠는가.
혹은 이 책으로 인하여 묘법연화경을 받아 지니고 수행하는 동기
가 된다면 하늘 꽃이 비 오듯 하리라.

이 책을 중생의 소견으로 읽으면 그냥 그렇지 할 것이고, 성문의 눈
으로 읽으면 성문이 성불할 수 있음을 깨달을 것이고, 보살의 눈으
로 읽으면 보살이 행할 도를 깨달을 것이고, 부처님의 눈으로 읽으
면 선재, 선재 하고 칭찬하시리라.

책 속에는 글 쓴 사람의 마음이 담겨 있다.
법화행자가 쓴 글과 마음과 묘법妙法은 셋이 전혀 차별이 없는 묘
법연화경이라.
약왕보살이 자신의 몸을 태워 부처님께 연신 공양하듯이 혜성이도
천천히 몸을 태워 법화경에 공양드리고 있으니, 섶이 다하여 불 꺼
진 듯하리라.

법화사문 혜성

자아게 병풍

여래수량품 자아게自我偈 예찬禮讚

법화경 여래수량품 게송 부분을 자아게自我偈라 합니다.

자아게는 510자로 엮어져 있으며, 옛 선지식들은 자아게는 부처님의 혼魂이요, 정요精要요, 골수骨髓라 하였습니다.

모든 부처님의 모태母胎이며 모든 보살의 사도師導입니다.

흔히 반야심경般若心經을 두고 전체 불법의 핵심이요,

전체 경전의 뜻을 함축하고 있다고 합니다.

그러나 법화경의 거룩한 진리는 담지 못하고 있습니다.

법화경은 바닷물에 비유되고, 반야심경은 강물에 비유됩니다.

반야심경은 반야경 육백 부의 골수입니다.

강물이 바닷물을 수용할 수 없듯이 반야심경은 법화경의 위없는 진리를 담지 못합니다.

바닷물은 온갖 물을 모두 수용하듯이 법화경은 팔만 사천의 법문을 모두 수용하고 함장하고 있습니다.

시방세계 모든 부처님께서는 한결같이 법화경을 받아 지니고 수행하시고 불도를 이루셨습니다.

법화경을 떠나서 성불하신 부처님은 단 한 분도 안 계십니다.

자아게는 부처님의 삼종신三種身을 낳는 모태이며, 모든 보살이 이 게송으로써 또한 불도를 이루게 됩니다.

부처님께서 깨달으신 법을 '아뇩다라삼먁삼보리'라 합니다.

우리말로는 무상정등각無上正等覺이라 합니다.

부처님께서 깨달으신 아뇩다라삼먁삼보리법이 모두 법화경 속에 있다고 합니다.

법화경 중에서도 자아게는 가장 거룩한 법문입니다.

만약 팔만 사천의 법문 중에서 법화경 여래수량품이 없다면 하늘에 태양이 없는 것과 같고, 나라 안에 임금이 없는 것과 같고, 가정에 부모가 없는 것과 같고, 사람에게 혼이 없는 것과 같은 것입니다.

부처님께서 얻으신 지혜를 일체종지一切種智라 합니다.

일체종지가 모두 이 경에 속해 있다고 합니다.

따라서 이 경을 믿고 따르는 자는 곧 부처님의 지혜인 일체종지를 얻게 됩니다.

자아게의 공덕은 무량무변하여 감히 언설할 수 없으니, 법화경 분별공덕품 제 십칠은 자아게의 공덕을 설하신 품입니다.

부처님의 일체종지의 지혜로써도 자아게를 받아 지닌 자의 공덕을 헤아릴 수 없다고 설하셨습니다.

옛 선지식은 '자아게의 공덕을 사사로이 말하지 말라. 분별공덕품에서 설하셨노라.'고 하셨습니다.

시방삼세 모든 부처님께서 자아게를 스승으로 해서 성불하시고 일체 중생의 자부慈父가 되셨다고 하셨습니다.

자아게 510자의 해설은 삼불사에서 발행된 『묘법연화경 강설집』에서 이미 강설하여 담겨 있고, 또 매월 발간되고 있는 「법화소식지」에 담아 불자 여러분에게 이미 배포되었습니다.

여기에서는 자아게 첫 게송의 뜻을 밝히도록 하겠습니다.

자아득불래自我得佛來 소경제겁수所經諸劫數
무량백천만無量百千萬 억재아승지億載阿僧祇
내가 스스로 성불한 이래 지나온 바 모든 겁수는
한량없는 백천만억 아승지 겁이니라.

자아게 첫 게송입니다.

'자아득불래' 하고 입을 열 때 자신 가운데 잠들고 있는 부처를 깨우는 때입니다.

저마다 자신 가운데 잠들고 있는 부처를 깨움이 곧 자아득불래입니다.

부처의 생명이 깨어나고 부처의 행이 살아나게 하는 자아게입니다.

자아게를 외울 때가 부처의 생명이 팔팔 살아 움직이는 때요, 누구에게 빌려온 것도 아니고 내가 스스로 성불해 옴이 무량 백천만억 아승지 겁이니라 하심은 석가모니 부처님께서 무량 백천만억 아승지 겁 전에 성불하신 본불임을 선언하신 말씀입니다.

이러함을 구원신久遠身이라 하고, 보리수 밑에서 육 년간 고행하고 성불하신 분의 경우를 근성신近成身이라 합니다.

세존께서 대각大覺하신 진리가 곧 구원본불입니다.

법화경 여래수량품에서 비로소 밝히신 구경의 법입니다.

우리 불교가 근성신에만 집착하고 있으나 진실로는 부처님께서 무량 백천만억 아승지 겁 전에 성불하신 본불님이시니, 중생을 제도 해탈케 하기 위하여 방편으로 근성신을 나투신 것입니다.

구원겁 전에 성불하시고서 가까운 근성신을 나투시어 중생을 불도에 들게 하시고자 함입니다.

그러나 부처님께서 선언하시기를 '나의 수명은 무량 아승지 겁이라 상주불멸常住不滅한다.'라고 밝히시고,

'미래 겁이 다하도록 열반에 들지 않고 영취산靈鷲山과 또 다른 모든 곳에 머물고 있느니라.'고 선언하셨습니다.

이는 구원겁 전부터 미래겁이 다하도록 이 세상에 상주常住하심을 밝히신 것입니다.

불교의 구경의 진리요, 중생 성불의 직도直道입니다.

자아自我의 자自는 구법계九法界요, 아我는 불계佛界라고 합니다.

이렇게 보면 자아自我는 십법계十法界의 자아입니다.

따라서 우리 모두의 자아이고, 내 자신의 자아입니다.

여래수량품의 부처님의 장구한 수명은 십법계의 수명이며, 우리 모두의 수명입니다.

부처님의 수명은 본래부터 생사가 없는 장구한 수명이라, 이를 무

유생사無有生死라 합니다.

생사가 있을 수 없다는 뜻입니다.

여래수량품의 전체 내용이 석가모니 부처님께서 깨쳐 얻으신 구경의 진리이며, 시방세계 모든 불법 중에서 가장 고귀한 진리입니다.

우리가 깨쳤든 못 깨쳤든, 귀하든 천하든 우리들의 수명은 상재불멸常在不滅의 장구한 수명이나, 육신의 수명에 끄달려 왔던 것입니다.

무유생사無有生死는 심법心法이요,

본유생사本有生死는 색법色法입니다.

육신을 받았다면 누구나가 끝이 있습니다.

그러나 생사가 금생에 처음으로 비롯된 것이 아니라, 수없는 겁부터 있었던 생사이기에 본유생사라 합니다.

이 육신이 수만 번 나고 죽더라도 나고 죽지 않은 것이 있나니, 바로 우리들의 자성입니다.

이를 두고 무유생사라 하니, 나고 죽음이 있을 수 없다는 말씀입니다.

결국은 심법인 무유생사와 색법인 본유생사가 둘이 아닙니다.

이를 색심불이色心不二라 합니다.

우리는 여래수량품을 믿고 깨달아 자신의 본래 수명은 나고 죽음이 없다는 도리를 깨쳐야 합니다.

윤회하는 생사의 닻줄을 자아게自我偈의 이검利劍으로 끊어야 합니다.

여래수량품의 부처님의 장구한 수명이 곧 십법계의 수명이요, 우
리들의 수명이며, 자신의 본래 수명입니다.

이러한 법문을 믿고 닦으면 생사 문제를 해결할 수 있고, 윤회의 고
리를 끊을 수 있습니다. 깊이 새겨야 합니다.

나고 죽는 이 몸과 나고 죽음이 없는 마음과는 둘이 아닙니다.

이를 색심불이色心不二 또는 생사즉열반生死卽涅槃이라 합니다.

여래수량품의 자아게를 불자들은 놓쳐서는 안 될 것입니다.

자신의 생사의 고해에서 건지는 일이요,

중생이 중생인 채 불도를 이루는 법입니다.

법화경은 모든 부처님께서 세상에 출현하시는 근본이며, 중생들을
불도에 들게 하는 가장 거룩한 불사佛事입니다.

자아득불래自我得佛來가 십법계의 사연이요, 우리들의 사연이며, 자
신의 일기장 속의 사연임을 결코 잊어서는 안 될 것입니다.

자아득불래를 외우는 곳이 곧 불국토요, 부처님의 사자 법좌임을
명심해야 합니다.

자아게를 어떤 불자가 신용하지 않고 등을 돌린다면 시방세계에
머리 둘 곳이 없을 것입니다.

자아게는 중생 성불의 혈맥血脈입니다.

경전經典 불교가 중심이 되어야 한다

경전은 부처님의 생생한 육성이며, 부처님의 육성은 곧 부처님의 마음이다.

특히 묘법연화경은 부처님의 정요精要요, 골수骨髓이며, 부처님의 혼魂이라고 한다.

시방제불께서 출생하시는 모태母胎요, 근본이다.

묘법연화경 69,384자의 한 자 한 자가 부처님의 법신사리法身舍利이시다.

이 경이 모셔져 있는 곳에는 부처님의 진신사리도 모시지 말라. 왜냐하면 이미 부처님의 전신全身이 계시느니라고 하셨다.

어떤 수행을 함에도 경전의 말씀이 바탕이 되어야 하고, 염불 수행·참선 수행 등도 경전의 뜻에 따라야 한다.

경전의 부처님 말씀은 모든 수행자의 지침이 되고 등불이 되고 이정표가 되고 길라잡이가 되어야 한다.

만약 경전의 부처님 말씀을 외면하면 불교는 기복화되고 뿌리 없는 불교가 될 것이고, 절름발이 불교가 될 것이며 공갈 불교가 될 것이다.

선종禪宗에서는 불립문자不立文字라 하여 경전의 교법을 가볍게 여기는 빌미가 되고 있고, 또 경전은 달을 가리키는 손가락이요, 참선은 실체의 달이라고 한다.

이러함은 불교의 바른 발전에 걸림돌이 될 수 있다.

스님이 경전을 신용하지 않는다면 시방세계에 머리를 둘 곳이 없으리라.

열반경에서 문수보살과 같은 대보살도 손에 경전을 들지 않았다면 신용하지 말라 하셨다.

불교의 구경지究竟地는 모든 중생이 불도를 이루는 데 있다.

중생 성불의 직도가 바로 극대승인 묘법연화경이다.

이 경을 받아 지닌 자 성불함이 결정코 의심이 없다 하셨고, 성불 못함이 하나도 없다(無一不成佛) 하셨다.

경전의 뜻이 이러함에도 경전을 신용하지 않고 가볍게 여기겠는가.

경전의 부처님 말씀이 수행에 바탕이 되고 근본이 될 때 불교가 바로 서게 될 것이다.

경전의 뜻에 따르지 않는 참선자를 암증선사暗證禪師라 하고, 경전의 문자에만 집착하면 문자법사文字法師라 한다.

흔히 선禪은 부처님 마음이요, 교敎는 부처님 말씀이라고 한다.

마음이 곧 말씀이다.

경전의 문자를 떠난 마음은 위태롭고 공허하기 그지없다.

불립문자라 하여 경전을 버린다면 부처님의 팔만 사천 법문이 왜 필요한가,

부처님의 50여 년 설법이 무용지물이란 말인가.

경전 불교가 중심이 되어야 부처님께서 세상에 출현하신 참뜻이 살아날 것이다.

그리고 경전의 가르치심에 의해 건강한 불교로 거듭 발전하게 될 것이다.

경전의 부처님 말씀에 따라 수행되고 유포될 때 불교가 영법구주슈 法久住할 것이다.

만약 경전 밖의 말에 끌려간다면 공갈 불교·절름발이 불교로 전락될 것이다.

법화경 법사품에 이르시기를, 아뇩다라삼먁삼보리가 모두 이 경에 속함이니라.

이 경을 받아 지니고 수행을 하지 않는 자는 보살도를 잘 행하지 못함이고, 이 경을 받아 지니고 수행하는 자는 보살도를 잘 행하는 자라 하셨다.

부처님 재세 시 지혜 제일 사리불을 비롯한 1,200의 아라한이 한결같이 우리들도 부처님과 같이 열반을 얻었다고 믿고 있었다.

그들이 법화경을 듣고서야 자신들이 얻은 열반은 진실한 열반이 아니고 겨우 생사를 면한 자리인 줄 깨닫게 된다.

부처님 재세 시에도 십대 제자를 비롯한 모든 아라한들이 이렇게 오해를 하고 있었는데, 항차 말법시에 와서 이런 오해하는 사람이 왜 없겠는가.

시방제불께서 묘법연화경을 수행하지 않고 성불하신 분은 단 한 분도 없다는 사실을 깊이 인지해야 할 것이다.

따라서 법화경을 받아 지니고 수행하는 불자는 불도를 이룸이 밝은 태양과 같아 명명백백한 일이다.

법화경은 중생 성불의 혈맥血脈이라, 경전 불교가 중심이 될 때 건강한 불교로 거듭 발전하고 영법구주永法久住할 것이다.

약왕이여,

어떤 많은 사람들이 집에 있거나 출가하여 보살도를 수행하면서 만약 이 법화경을 보고 듣고 읽고 외우며 쓰고 지니며 공양을 능히 잘 하지 않는 자는 마땅히 알지니라.

이 사람은 보살도를 잘 행하지 못함이고, 만약 이 경전을 얻어 듣는 자가 있으면 능히 보살도를 잘 행하는 것이니라.

그 어떤 중생이 불도를 구하는 자로, 이 법화경을 혹은 보고 혹은 듣고 하여 듣고는 믿고 이해하여 받아 지니는 자는 마땅히 알지니라.

이 사람은 아뇩다라삼먁삼보리를 얻기가 가까우니라.

이 법화경을 듣지 못하고 이해하지 못하며 능히 닦아 익히지 못하면 마땅히 알지니라.

이 사람은 아뇩다라삼먁삼보리에 가기가 아직 먼 것이요,

만약 얻어 듣고 이해하며 깊이 생각하고 닦고 익히면 반드시 아뇩다라삼먁삼보리를 얻음이 가까운 줄 아느니라.

무슨 까닭이냐 하면, 일체 보살의 아뇩다라삼먁삼보리가 모두 이 경에 속함이니라.

_『묘법연화경』「법사품」

열린 마당

받기 힘든 인간의 몸을 받아 세상에 나온 밥값을 못하고
자부慈父의 은혜, 중생의 은혜만 잔뜩 진 것 같다.

강원도에서 행자 생활을 하고 있는 불자로부터 두툼한 겨울 양말
몇 켤레를 받아 착용하고 있는데, 양말을 신을 때마다 행자의 따뜻
한 마음을 느낀다.
엊그제 부산 어느 보살로부터 겨울 내의와 오리털 상의와 의약품
을 받았다.
내가 받은 은혜를 어떻게 갚을까.

도량에서 출간된 책을 보내주면 바로 소식이 있는가 하면 감감 무
소식도 있다.
책을 보낸 지 몇 달 만에 책이 너무 좋았다는 노보살의 음성이
왔다.
역시 은혜를 받은 것 같다.
삼보님의 은혜, 중생의 무거운 은혜, 빈 배에 은혜만 가득 싣고 고
향으로 돌아가야 할 것 같다.

믿음(信心)

믿음은 불도佛道의 근원이며 공덕의 어머니다.
일체의 모든 선근善根을 증장시키고, 일체의 의혹을 제하여 버리고
무상도無上道를 개발하고 나타낸다.

믿음은 능히 무릇 마魔의 경계를 초출超出하고 무상의 해탈의 길을
나타내며, 일체 공덕의 씨가 무너지지 않고 무상의 보리수가 자라
나게 한다.

_『대승기신론』

너 사리불도 오히려 이 경에 믿음으로써 들게 되었거늘 하물며 다
른 성문이랴.
그 다른 성문들도 부처님 말씀을 믿는 고로 이 경을 순히 따름이요,
자기 지혜의 분수는 아니니라.

_『법화경』

부처님의 수명이 장원함을 듣고 한 생각 믿고 이해한다면 팔십만
억 나유타 겁 동안 다섯 바라밀을 닦은 공덕보다 백천만억 더 수승
하다고 밝히셨노라.

시법불가시是法不可示
언사상적멸言辭相寂滅
이 법은 가히 보일 수도 없고
말과 형상이 적멸이니라.

마음의 참모습(實相)을 노래하심이니라.

심야묘법心也妙法,
마음이 곧 묘법이요
마음이 곧 무량의無量義이니라.

불도 태우지 못하고,
물도 빠뜨리지 못하고
창칼도 해치지 못함이니라.

이 마음의 참모습(實相)에 대하여 유마힐께서는 입을 다무셨고, 자
부慈父께서는 '그만, 그만두어라' 하고 절언탄切言歎을 하셨느니라.

여신진화멸如薪盡火滅

섶이 다해 불 꺼진 듯하였소.

여연진등멸如煙盡燈滅

연기 다하여 등불 꺼진 듯하리라.

건강하게 여법如法하게 수행修行하다 이 몸과 인연이 다하면 홀연히 섶이 다해 불 꺼진 듯하여지이다.

이 몸으로 건강하게 묘법을 수행하다 세연이 다하면 홀연히 연기 다하여 등불 꺼진 듯하여지이다.

세상에 나올 때 부모로부터 배낭 하나 받고 나왔음이라.

생활하면서 부모로부터 받은 배낭에다 온갖 것을 담아 채우기를 쉬지 아니하여 이제 더 채울 수 없어 무겁기가 그지없음이라.

세상을 살다 보니 채워진 배낭 속을 이제 비울 때가 왔음을 알았노라.

배낭 속에 담긴 잡동사니를 다 꺼내어 버리고 빈 배낭으로 돌아갈 것을……

아니야. 빈 배낭마저 버려야 제대로 버린 것이요,

진짜 버린 것이다.

이때에야 비로소 허공에 바람처럼 걸림이 없느니라.

이 삼계는 만물이 자고 가는 여관과 같고, 사람들은 하룻밤 쉬어 가는 길손이라네.
이 삼계는 연극무대와 같고, 사람들은 저마다 한바탕 연극을 연출하는 광대와 같음이라.

광대놀음을 하다 보니 어느덧 해가 저물어 고향으로 돌아가는 길을 분간하기 어렵네.
진작 고향 가는 길 살펴 둘 것을……

삼계三界가 무상無常하여 끝없이 전변轉變하니, 올 때도 갈 때도 자재하지 못하니 고향 길을 안다 한들 뜻과 같으랴. 아서라, 말아라.
천연天然에 맡겨 두리라.

_무명의 나그네

화택

모든 중생을 보니 나고 늙고 병들고 죽음과 근심·슬픔·고통과 번뇌의 불에 타고 있으며, 또한 다섯 가지 욕심과 재물의 이익을 위하는 고로 가지가지 고통을 받으며, 또 탐착하여 구하려 함으로 현 세상에서 여러 가지 고통을 받다가 뒤에는 지옥·축생·아귀의 괴로움을 받으며,

혹은 천상이나 인간에 나더라도 가난하고 빈궁한 고통을 받고, 사랑하는 사람과 이별하는 고통과 원수와 미워하는 사람을 만나는 고통 등, 이와 같은 가지가지 온갖 고통을 받으면서도 중생은 그 가운데 빠져 즐겁게 놀면서 깨닫지도 못하고 알지도 못하며 놀라지도 두려워하지도 아니하며,

또한 싫어함도 내지 않고 해탈도 구하지 않으며, 이 삼계의 불난 집에서 동서로 뛰고 달리며 비록 큰 괴로움을 만날지라도 이를 근심하지 않느니라.

_「비유품」

사람의 향기

사람마다 저마다 자신의 향기가 있습니다.

여러 가지 향기 중에 뭐니 뭐니 해도 사람의 향기가 가장 훈훈하고
정감을 주는 향기입니다.

어떤 사람은 법의 향기法香로 사람들로 하여금 해탈케 합니다.

어떤 사람의 덕의 향기德香는 주변을 풍요롭게 하지요.

또 어떤 사람은 청아하고 단아한 난초의 향기와 같은 향기를 내
고요.

또 어떤 사람은 인욕忍辱과 봄을 상징하는 매화의 향기와 같은 향
기를 내고요.

그대는 지금 어떤 향기를 뿜고 있습니까?

사람의 향기는 팔지 않아도 저절로 주변을 향기롭게 할 것입니다.

그대의 향기는 곧 그대의 인격입니다.

지자불언知者不言

언자부지言者不知

입을 벌리면 천리만리 떨어지리라.

어떤 사람이 와서 묻기를,

여기 어디에 명당이 있다는데 알고 계십니까?

알고 있지.

거기가 어디입니까?

자네가 선 그 자리가 명당일세.

한 발자국이라도 옮기면 천리만리 어긋나리라.

_ 영원한 나그네

마음이 열린 사람은

허공을 보고 웃음을 지으리라.

만약 어떤 이가 있는 바 국토에서 받아 지니고 읽고 외우며 해설하고 베껴 쓰며 설함과 같이 수행하거나 경권이 머무는 곳이면, 혹은 동산이거나 혹은 숲속이거나 혹은 나무 아래거나 혹은 승방이거나 혹은 백의白衣거사의 집이거나 혹은 전당에 있거나 혹은 산골짜기거나 넓은 들이거나,

이 가운데에 모두 응당 탑을 세워 공양할지니라.

무슨 까닭이냐 하면, 마땅히 알지니라.

이곳은 곧 바로 도량이기 때문이니라.

모든 부처님께서는 여기에서 아뇩다라삼먁삼보리를 얻으시며, 모든 부처님께서는 여기에서 법륜을 굴리시며, 모든 부처님께서는 여기에서 열반에 드시느니라.

법화경으로 인하여 모든 부처님께서 불도를 이루시고 법륜을 굴리시고 열반에 드신다는 말씀입니다.

부처님의 성도에서 열반에 이르기까지 부처님 일생 일대사가 법화경 자체입니다.

행복이란

아집·집착·탐욕·분별심 등을 조용히 내려놓으면
행복은 본래부터 거기에 머물고 있었음을 비로소 깨닫게 되리라.
행복이 어느 날 갑자기 생긴 것도 아니요,
또 누가 가져다 준 것도 아니라, 항상 자신과 함께한 것을……
행복은 색법色法이 아니기에 육안으로 볼 수 없고
손으로 만질 수도 없느니라.
마음의 눈으로 보면 볼 수 있으니,
저마다 자신과 같이하고 있느니라.
물질로 행복을 구하려 한다면 결코 얻지 못할 것이니라.
행복은 심법心法이기 때문이니라.

불지견佛知見을 열어라.
부처가 중생지견衆生知見을 열면 중생이요,
중생이 불지견佛知見을 열면 부처이니라.

중생지견이란 육안으로 보고 귀로 듣고는 색상色相에 집착함이요,
또 오욕락에 빠져 온갖 현상계에 마음을 파는 것이요.

불지견이란 온갖 것의 실상(참모습)을 깨달아 바르게 보는 견해
이며,
세상에 있다는 온갖 것의 참 성품은 모습 없는 모습으로 모습 있는
것임을 깨달아 세상을 보는 지혜이니라.

제법종본래諸法從本來
상자적멸상常自寂滅相
세상에 있다는 온갖 모든 것은 본래부터
항상 스스로 열반의 모습이니라.

위의 게송이 곧 불지견의 도이니,
세상을 보는 부처님의 견해이니라.
따라서 중생이 불지견을 열면 부처요,
부처가 중생지견을 열면 중생이니라.
중생지견을 열면 온갖 것에서 시시비비가 일어나고

불지견을 열면 온갖 것이 적멸의 모습이니라.
중생지견을 열면 육도 윤회의 닻줄이 되고
불지견을 열면 열반성에 드는 큰 문이 되느니라.

이러함에도 불지견을 열지 않으리.
어제는 찻잔이 비었더니 오늘은 빈 찻잔마저 없네.

청도에 덕장행 보살이 계시는데, 삼불사에서 출간된 『내가 저절로 성불해 옴이』란 이 책을 다섯 번째 읽고 계신다고 합니다.

연세가 구십을 눈앞에 두고 있는 보살입니다.

책의 내용을 이해하지 못하신다면 다섯 번을 읽지 않았을 것 같습니다.

또 울산에 신심 있는 보살이 있는데, 이 책을 세 번째 읽고 있답니다.

부처님의 법성法性이 나의 성품에 들고, 부처님의 성품과 나의 성품 합치하여 하나가 됨을 깨우친 글이 떴습니다.

청도 덕장행 보살이나 울산의 법화행자나 이 책을 육안으로 읽지 않고 지혜의 눈으로 읽고 있다는 생각을 해봅니다.

책을 출간한 의미를 찾은 것 같습니다.

고맙고 감사합니다.

마음이 일어나면 가지가지 법이 생기고,

마음이 멸하면 가지가지 법이 멸함이라.

바람이 불면 먼지가 일어나듯,

경계 따라 마음에 티끌이 일어나네.

모든 경계가 항상함이 없으니

이는 모두 생멸법生滅法이라.

생멸법이 다 멸하니

적멸寂滅의 즐거움이 있도다.

_『열반경』

번뇌와 보리菩提가 둘이 아니요,

생사와 열반涅槃이 둘이 아니로다.

애쓰지 말고 그냥 보는 자로 남아라.

항상 스스로 적멸寂滅의 모습이니라.

나무묘법연화경은 우주의 생명입니다.
시방제불의 생명이며 모태母胎입니다.
모든 중생의 생명이며 원천입니다.

나무묘법연화경은 진리의 바다입니다.
제목을 부를 때
고통에서 해탈하는 때이며,
생사의 강을 건너는 때이며,
불도에 들게 되는 길입니다.

나무묘법연화경은
시방제불의 영원 상주의 수명입니다.
제목을 부를 때
자신의 영원 상주의 수명입니다.

나무묘법연화경은
시방제불께서 세상에 출현하시는 근본이요,
일체 중생으로 하여금 불도에 들게 하는
일대사인연一大事因緣입니다.

저마다 종교가 다르고 이념이 다르고 모습이 다르고,
성품이 다르고 체형이 다르고 능력이 다르고,
하는 일들이 다르고 인연과보가 다르다 할지라도,
한 가지 같은 것은 끝내 공空으로 돌아가는 것이다.

본말구경등本末究竟等이요,
대평등大平等의 원칙이다.

귀하거나 천하거나
가졌거나 못 가졌거나
종교와 이념과는 상관없이
모두의 성품은 항상 스스로 적멸상(常自寂滅相)이라,
끝내 공으로 돌아가느니라.
이 하나의 진리는 누구에게나 차등이 없다.
이런 이치를 깨달음을 평등대혜平等大慧라 하고
실상(참된 모습)이라 하느니라.

금을 캐기 위해서는 금맥金脈을 찾아야 하고,

물을 얻기 위해서는 수맥水脈을 찾아야 하고,

중생이 성불하기 위해서는 성불의 혈맥血脈을 얻어야 하리.

중생 성불의 혈맥이란 바로 묘법연화경이니라.

묘법妙法을 받아 지닌 자 성불 못함이 한 사람도 없다

하셨으니, 어찌 중생 성불의 혈맥이 아니겠느냐.

약왕이여,

만약 어떤 선남자 선여인이 여래가 멸도한 뒤에 사부대중을 위하여 이 법화경을 설하고자 하는 자는 어떻게 응당 설해야 하는가 하면, 이 선남자 선여인은 여래의 방에 들어가 여래의 옷을 입고, 여래의 자리에 앉아, 이에 사부대중을 위하여 이 경을 널리 설할지니라.

여래의 방이란 일체 중생 가운데서 큰 자비의 마음이 이것이며,
여래의 옷이란 부드럽고 온화하며 인욕하는 마음이 이것이요,
여래의 자리란 일체 법이 공空한 것이 이것이니라.

이런 가운데 편안히 머무른 연후에 게으르고 해이하지 않는 마음으로 모든 보살과 사부대중을 위하여 이 법화경을 널리 설해야 하느니라.

_「법사품」

설산동자는 불법佛法의 반 게송을 듣기 위해 자신의 몸을 아귀에게 던지고,

약왕보살은 몸을 태워 부처님께 연신燃身 공양하고, 또 자신의 양 팔을 태워 부처님 사리탑에 공양하였으며,

제석천왕은 법을 듣기 위하여 여우를 스승의 자리에 앉게 하였음 이라.

혜성이가 설산동자와 약왕보살의 법을 위하는 정성에 미치겠느냐 마는, 법화경 수행에 천천히 몸을 불태우고 왔도다.

몸이 불타 다할 때가 멀지 않았지만 마음은 한결 가벼움을 유지 하니,

법은 중하고 신명은 가볍기 때문이다.

실상實相의 고향으로 돌아가려 하나

무명無明 안개가 자욱하여 분간하기 어렵네.

홀연히 지혜의 바람이 불어와 안개구름 걷어가니,

서 있는 당체가 실상의 고향이네.

산사의 향기

봄을 찾아 진종일 짚세기가 다 닳도록 온 산야를
헤매었건만 찾지 못하고
집에 돌아와 앞뜰 매화 가지를 휘어잡아 보니
봄은 거기에 무르녹았네.

_ 작가미상

* 봄: 불성佛性, 성품性品. 매화 가지: 자신의 마음

수행자는 즐거움을 추구하지 않고 괴로움을 피하지 않는다.

즐거움이든 괴로움이든 지나가는 바람이기 때문이다.

세찬 바람일수록 빨리 지나간다.

고락苦樂이 불이不二이니라.

왜냐하면 고락이 자신의 마음에서 일어난 파도이기 때문이니라.

파도는 애쓰지 않아도 바다가 됨이라.

독경하지 않으면 경전에 먼지가 앉고,

수리하지 않으면 집이 무너지고,

옷차림을 게을리 하면 용모에 때가 묻고,

수행자가 방일하면 마음에 때가 묻는다.

육근을 단속하지 않으면 도둑이 드나든다.

원교보살은

여래의 방에 들어가 여래의 옷을 입고

여래의 자리에 앉아 묘법妙法을 설해야 합니다.

여래의 방이란 대자비심이 이것이요,

여래의 옷이란 유화인욕심이 이것이요,

여래의 자리란 일체 법이 공함이 이것입니다.

원교보살은 그 마음 섭수攝修하되 움직이지 않기를

수미산과 같이 합니다.

원교보살은 경계에 물들거나 색상色相에 마음을

팔지 않습니다.

또한 법에 묶이거나 몸의 시종이 되지 않습니다.

만약 묘법연화경을 능히 받아 지닌 자는 마땅히 알지니라.

부처님의 심부름꾼이며, 모든 중생을 불쌍히 생각함이니라.

능히 묘법연화경을 받아 지닌 모든 이는 중생을 불쌍히 여기는 까닭에 청정한 국토를 버리고 여기에 났느니라.

마땅히 알지니, 이런 사람은 나고자 하는 곳에 자재함이니라.

만약 능히 다음 세상에 이 경을 받아 지닌 자는 내가 보내어 사람 가운데 있게 하여 여래의 일을 행하게 함이니라.

만약 일 겁 동안 항상 나쁜 마음을 품고 성낸 얼굴로 부처님을 욕하면 한량없는 무거운 죄를 얻되, 그 어떤 이가 이 법화경을 읽고 외우고 지니는 자에게 잠깐이라도 나쁜 말을 하면 그 죄는 다시 그보다 더함이니라.

_「법사품」

모든 선남자여, 마땅히 알지니 이 묘법妙法은 모든 부처님의 비요秘
要이니라.
크게 환희하는 마음을 내어 스스로 마땅히 부처됨을 알지니라.

난세亂世에 묘법妙法을 만난 것은 과거생의 선근善根의 힘이요,
마치 돌을 주고 금덩어리를 얻은 것이라,
다시 금덩어리를 놓칠쏘냐.

금생에 묘법妙法을 만난 것은 애꾸눈 거북이가 바다에 뜬 널빤지
구멍을 만난 것과 같고, 가끔씩 피는 우담발화를 만난 것과 같아 희
유하고 희유한 일이니,
어찌 금생을 놓치고 당생當生을 기다릴 것이냐.

오탁악세五濁惡世에 사람의 몸을 받아
육난구이六難九易의 묘법妙法을 만났으니,
어찌 금생今生을 놓치리오.

모든 부처님 세상에 출현하심은 멀고멀어 만나기 어렵나니,
세상에 출현하신다 하여도 이 법을 설하시기 또 어렵고
한량없고 수없는 겁에 이 법을 듣기 또한 어렵나니,
능히 이 법을 알아듣는 자 이런 사람 또한 어렵도다.

법을 듣고 환희하여 찬탄으로 한마디 말에 이를지라도
곧 일체 삼세 부처님께 이미 공양함이 되느니라.

자신의 칭찬과 장점은 남으로부터 나와야 설득력이 있고
자신의 허물과 단점은 자신으로부터 나와야 허물을 고칠 수 있다.

범부凡夫는 칭찬에 우쭐하고 비방에 불끈함이니,
"나"라는 상我相 때문이다.
반석은 비바람에 움직이지 않고,
군자는 칭찬과 비방에 움직이지 않는다.

한적한 곳에 있으면서 그 마음 닦아 다스리고 편안히 머물러 움직
이지 않기를 수미산과 같이 할지니라.

_「안락행품」

진성무염眞性無染 본자원성本自圓成
단리허망但離虛妄 즉여여불卽如如佛
참된 성품은 물들지 않아
본래부터 스스로 원만히 이루어졌네.
다만 허망함만 여의면
곧 여여한 부처이어라.

여래수량품에서 양약을 먹고 병이 다 나았다고 하심은
본래 부처를 회복했다는 뜻이니,
중생이 병만 나으면 그냥 스스로 여여한 부처이어라.

시방제불의 법성이 나의 성품에 들고,
다시 제불의 법성과 나의 성품이 합치도다.

나무묘법연화경 제목을 부르는 중생과 부처님과
개성불도皆成佛道의 묘법연화경, 이 셋은
전혀 차별이 없는 것과 같이
성불의 혈맥이 흐르고 있느니라.

자문자답

니 뭐하노?

잘 죽는 연습한다.

잘 죽는 연습이 어떤 건데?

무거운 짐 내려놓는 일이다.

무거운 짐이 안 보이는데?

보이는 것보다 안 보이는 것을 내려놓기

더 어렵다 아니가.

잘 죽는 연습 언제 끝나노?

죽는 그날이 끝나는 날이다.

『내가 저절로 성불해 옴이』란 책을 심안으로 읽노라면
어느 쪽을 열어봐도 거기에 묘법이 있고,
거기에 불가사의함이 있고, 거기에 길이 있고,
거기에 광명이 있고, 깨달음이 있도다.

심안으로 읽고 깨달아 제법실상의 도리를 증득하여
속성취불신 하소서.

마음을 여는 글

나에게 한 권의 경전이 있었네.
종이와 먹으로 인연함이 아니로다.
열어보니 글자는 한 자도 없는데
항상 대광명을 놓고 있네.

_ 작가미상

기러기 떼 무리지어 하늘을 방금 날아갔건마는
하늘엔 아무런 흔적이 없네.

고인이 이르기를,
작년에 가난은 지팡이 꽂을 땅도 없더니
올해 가난은 지팡이마저 없네.

어제는 찻잔이 비었더니, 오늘은 찻잔마저 없네.
이 소식을 전하고자 하나 전할 곳이 없네.

_ 산사의 향기에서

법화경은 부처님께서 깨달으신 구경의 진리이며,
법계法界 모든 생명체의 실상(참모습)을 설하셨도다.
이 법화경은 중생들을 깨달음의 경지로
이끌려는 대자비의 드라마이다.

법화경을 설하심은 중생을 위한 거룩한 불사佛事이며,
법화경은 인류에게 양여하신 희귀한 선물이요,
부처님의 상재불멸常在不滅의 실체이다.
그리고 사람이 사람답게 사는 법이요,
저마다 자신의 본바탕을 깨닫게 하는 법이다.
법화경은 부처님의 대자대비의 당체이다.
왜냐하면 일체 중생 성불의 법을 설하셨기 때문이다.

대승大乘을 마하연摩訶衍이라 한다

대승大乘은 마음을 본체本體로 삼는다.

모든 대승大乘은 중도실상中道實相이 근본이 되고,

불지佛地에 들게 한다.

중도는 양변兩邊에 치우친 견해를 여읜 것이며,

실상은 있다는 모든 것의 참모습이다.

대승大乘은 세간 및 출세간법을

모두 거두어들이고 융섭한다.

마치 바다가 온갖 물을 받아들이듯이……

대승大乘이란 모든 보살이

승차보승乘此寶乘 직지도량直至道場이라,

보배 수레를 타고 곧게 도량에 이르게 한다.

대승大乘이란 평등대혜平等大慧이니,

대승大乘에서 부처님의

일체종지一切種智가 나오게 된다.

모든 부처님께서 가지가지 방편과 가지가지 비유와

온갖 언설하심은 대승大乘에 들게 하기 위함이니라.

대승大乘을 마하연摩訶衍이라 하고,
대승大乘의 인과가 모든 법의 실상이니,
대승大乘의 인과는 중생 성불이니라.
진리를 배워 많이 아는 것보다
실천으로 옮기는 것이 더 어렵고,
많이 가진 자가 오만하지 않기 어렵고,
채우기보다 비우기가 어렵고,
명예를 얻기보다 지키기 더 어렵고,
남을 이기기보다 질 줄 아는 것이 더 어렵다.

산이 높으면 골짜기가 더 깊고,
밝은 이면에는 그림자가 있기 마련이다.
생로병사生老病死와 우비고뇌憂悲苦惱와
희로애락喜怒哀樂은
사람들이 먹는 식량과 같아 삶의 일환이니,
애써 피하지 말지니
모두가 지나가는 바람이니라.

설산인욕초雪山忍辱草　설산의 인욕초를

우음제호득牛飮醍醐得　소가 먹으면 제호를 얻고,

원교불방편圓敎不方便　원교는 방편을 거치지 않고

불성즉회복佛性卽回復　불성을 곧 회복하느니라.

무상게無常偈

제행개무상諸行皆無常　모든 행이 다 항상함이 없으니

개시생멸법皆是生滅法　이는 모두 생멸법이라.

생멸개멸이生滅皆滅已　생멸하는 법을 다 멸해버리면

적멸시위락寂滅是爲樂　열반의 낙이니라.

위도중생고爲度衆生故　중생을 제도하기 위하는 고로

방편현열반方便現涅槃　방편으로 열반을 나타내었으나

이실불멸도而實佛滅度　이는 진실한 멸도가 아니고

상주차설법常住此說法　항상 여기에 머물며 설법하느니라.

재물이 없다고 다 가난한 것이 아니라
마음이 옹색한 이것이 진짜 가난이다.
세상 명리를 잃었다고 다 잃은 것이 아니라
자성自性을 잃는 이것이 진짜 잃은 것이다.

몸이 늙었다고 다 늙은 것이 아니라
자신감을 잃고 게으른 마음을 내는 이것이 진짜 늙은 것이다.

신명身命을 잃는다고 다 잃은 것이 아니라
묘법을 등지고 사는 것이 진짜 잃은 것이다.

세상 명리名利를 얻었다고 다 성공成功한 것이 아니라
묘법妙法을 받아 지님 이것이 진짜 성공한 것이다.

어록

아무도 막지 않았지만 천상에 가는 사람이 적은 것은
삼독심三毒心에 사로잡혔기 때문이다.

아무도 떠밀지 않았지만 지옥에 떨어짐이 많은 것은
묘법妙法을 비방하고 등졌기 때문이다.

아무도 방해하지 않았지만 불도佛道에 드는 사람이 적은 것은
오욕락에 빠져 진리를 등졌기 때문이다.

아무도 잡지 않았지만 생사의 강을 건너는 사람이 적은 것은
명리名利 구함에 탐착했기 때문이다.

내가 젊었을 때 저네는 늙었더니,

내가 늙었을 때 저네는 젊었도다.

이렇게 돌고 돌아 윤전함이 인생이라,

그러나 나고 죽는 가운데 죽지 않는 것이 있나니,

대중들아,

말해 보거라. 이런 도리를……

아서라, 말아라, 그만, 그만두어라.

이 법은 보일 수도 없고 말의 형상이 적멸이니,

입을 열면 천리만리 어긋나리라.

자성自性의 바다는 본래부터 청정하건마는
무명無明의 파도는 끊임없이 일어나네.
바다와 파도가 둘이 아니라 같은 물인 것이라,
자성自性의 바다와 무명無明의 파도가
불이不二이니 둘이 아니니라.

따라서 무명無明의 번뇌를 끊으려고
애쓸 것이 아니라
그 마음을 깨달음이 시급한 일이라,
번뇌즉보리煩惱卽菩提이니라.

사도師導의 길

나거나 죽거나

혹은 물러나거나 혹은 나옴도 있음이 없고

또한 세상에 있거나 멸도하는 자도 없으며,

진실도 아니고 허망함도 아니며,

같은 것도 아니고 다른 것도 아니며,

바른 것도 아니고 그른 것도 아니며,

중생이 보는 삼계와 같지 않느니라.

이렇게 중도실상中道實相의 도리를 전하고자 하나

말길이 끊어졌으니語言道斷 어떻게 전할꼬.

성문이나 혹은 보살이 나의 설하는 법을
한 게송 들음에 이를지라도
모두 성불함이 의심이 없느니라.

만약 이 법을 듣는 자가 있으면
모두 이미 성불하였노라.

부처님께서는 이렇게 중생의 성불을 보장하시도다.
사람들은 불보살의 덕상德相을 이미 갖추고 있건마는
이를 드러내지 못하고 색상色相에만 마음을 팔고 있도다.

자신 가운데 이미 성현聖賢이 살고 있건마는
진종일 밖으로만 내달리니
실로 안타깝기 그지없도다.

명이나 빌고 복이나 빌고 소원 성취하는
한 끼의 식량을 구하기에 온통 매달리니
만겁萬劫의 식량을 잃게 됨이니라.

사람이 이 세상에 태어날 때는
깊은 인연과 높은 존엄성을 갖고 태어납니다.
살다 보면 사람의 몸을 받은 존엄성을 망각하고
오욕락에 빠져들게 됩니다.
사람만이 머리가 하늘을 향하고 있음은
하늘을 우러러 부끄럼 없는 생활을 하라는 뜻입니다.

세상에는 있어서는 안 될 사람, 있어도 되고 없어도 되는 사람,
없어서는 안 될 사람이 있다고 하나
어떤 경우든 사람의 몸을 받은 존엄성은 모두 같습니다.
저마다 천상천하天上天下 유아독존唯我獨尊입니다.

세상에 나온 깊은 인연과 높은 존엄성을 생각하고 생활한다면
저마다 세상에서 없어서는 안 될 사람일 것입니다.
우리 모두가 꼭 필요한 존재입니다.
거룩한 존엄성을 이미 갖고 있습니다.
모두가 성인聖人이 될 수 있는 성품을 갖추고 있습니다.

견보탑품

거룩하신 세존께서 비록 멸도하심이 오래지만 모든 사람들은 어찌
하여 부지런히 법을 위하지 않는가.

모든 불자들이여, 누가 능히 법을 수호하려는가.
마땅히 큰 원을 일으켜 오래 머무름을 얻게 할지니라.
그 어떤 이가 능히 이 경법을 수호하면 곧 나와 다보 부처님께 공양
함이 되느니라.
이 다보 부처님께서 보배 탑에 계시면서 항상 시방에 노니심은 이
법화경을 위한 까닭이니라.
또한 다시 시방세계를 광명으로 꾸며 장엄하시는 모든 분신分身 부
처님께 공양드림이니라.
만약 이 경을 설하면 곧 나와 다보여래와 또 모든 화신 부처님을 뵈
옵는 것이 되느니라.
모든 선남자여, 각각 자세히 깊이 생각하라.
이는 어려운 일이니 마땅히 큰 원을 일으킬지니라.

권지품勸持品: 권은 화타化他요, 지持는 자행自行이다.

자신도 법화경을 수행하고 여러 사람들을 이 법으로 인도함이 권지의 뜻이다.

권지품勸持品 게偈

유원불위려唯願不爲慮 어불멸도부於佛滅度復

오직 원컨대 염려하지 마시옵소서.

부처님께서 멸도하신 뒤에

공포악세중恐怖惡世中 아등당광설我等當廣說

무섭고 악한 세상 가운데서

저희들이 마땅히 널리 설하오리다.

유제무지인有諸無智人 악구매리등惡口罵詈等

모든 지혜 없는 사람들이

악한 입으로 꾸짖고 욕하고

급가도장자及加刀杖者 아등개당인我等皆當忍

칼과 몽둥이로 때릴지라도

저희들은 모두 응당 참으오리다.

아등경신불我等敬信佛 당착인욕개當著忍辱鎧

저희들은 부처님을 공경히 믿으므로
마땅히 인욕의 갑옷을 입고

아불애신명我不愛身命 단석무상도但惜無上道
저희는 몸과 목숨을 아끼지 않고
다만 무상도를 아끼오리다.

아시세존사我是世尊使 처중무소외處衆無所畏
저희는 바로 세존의 심부름꾼이라,
대중 속에 있어도 두려울 바 없으며

아당선설법我當善說法 원불안은주願佛安隱住
저희는 마땅히 법을 잘 설하오리다.
원컨대 부처님께서는 편안히 계시옵소서.

아어세존전我於世尊前 제래시방불諸來十方佛
저희는 세존과 시방에서 오신 모든 부처님 앞에서

발여시서언發如是誓言 불자지아심佛自知我心
이와 같은 맹세의 말을 아뢰옵나니,
부처님께서는 저희들 마음을 살피시옵소서.

안락행품安樂行品

文殊師利法王子菩薩摩訶薩 白佛言 世尊 是諸菩薩 甚爲難有
敬順佛故 發-大誓願 於後惡世 護持讀說 是法華經
世尊 菩薩摩訶薩 於後惡世 云何 能說-是經

佛告 文殊師利 若菩薩摩訶薩 於後惡世 欲說是經 當安住四法
一者 身安樂：住忍辱地 柔和善順 而不卒暴
二者 口安樂：不樂說 - 人及經典過 不說他人 好長短
三者 意安樂：無懷嫉妬 諂誑之心 一切衆生 起大悲心
四者 誓願安樂 ：生大慈心 我得 - 阿耨多羅三藐三菩提 令得住
是法中

문수사리법왕자 보살마하살이 부처님께 아뢰어 말씀하되,
"세존이시여, 이 모든 보살은 심히 있기 어렵나이다.
부처님을 공경하고 순종하는 까닭으로 큰 서원을 일으키어 뒤의
악한 세상에서 이 법화경을 수호하여 지니고 읽고 설할 것이옵
니다.
세존이시여, 보살마하살이 뒤의 악한 세상에서 어떻게 하여야 능

히 이 경을 설하오리까."

부처님께서 문수사리에게 이르시되,

"만약 보살마하살이 뒤의 악한 세상에서 이 경을 설하고자 한다면 마땅히 네 가지 법에 편안히 머물러야 하느니라.

첫째 신악락이니, 인욕지에 머물러야 하고, 유화선순하고, 그리고 불끈 성내지 아니하고,

둘째 구안락이니, 사람과 또 경전의 허물을 설하기를 즐기지 말며, 다른 사람의 좋고 나쁨과 잘잘못을 말하지 말지니라.

셋째 의안락이니, 질투하고 아첨하고 속이는 마음 품지 말고, 일체 중생에게 대비심을 일으키고,

넷째 서원안락이니, 대자심을 내고,

내가 아뇩다라삼먁삼보리를 얻을 때 그를 이끌어서 이 법 가운데 머물게 하리라고 할지니라."

중도실상中道實相

방편품方便品

제법종본래諸法從本來 상자적멸상常自寂滅相
모든 법은 본래부터 오면서 항상 스스로 적멸의 형상이니

불자행도이佛子行道已 내세득작불來世得作佛
불자가 이런 도를 수행하면 오는 세상에 성불하리라.

시제세존등是諸世尊等 개설일승법皆說一乘法
이 모든 세존께서는 모두 일승법을 설하시어

화무량중생化無量衆生 영입어불도令入於佛道
한량없는 중생을 교화하여 불도에 들게 하셨노라.

시법불가시是法不可示 언사상적멸言辭相寂滅
이 법은 가히 보일 수도 없고 말과 형상이 적멸이니

* 중도실상中道實相: 이변二邊을 여읜 것

여래수량품如來壽量品

여래如來 여실지견如實知見 삼계지상三界之相
여래는 삼계의 상을 실상과 같이 보고 알아

무유無有 생사生死 약퇴약출若退若出 역무재세亦無在世
생사와 혹은 물러남과 혹은 나옴도 있음이 없고

급멸도자及滅度者 비실비허非實非虛 비여비이非如非異
진실도 아니고 허망함도 아니며, 같은 것도 아니고

불여不如 삼계三界 견어삼계見於三界
다른 것도 아니며, 삼계에서 보는 삼계와 같지 않느니라.

공부하다 죽어라, 그것이 잘 사는 길이다.
여법妙法을 수행함에 신명身命을 걸어라,
자신을 영원히 건지는 길이 되리라.

성불의 대도大道가 뚫려 있는데 왜 미로의 골목길에서

헤매고 있을꼬.

잘 사는 길이 잘 죽는 길이요,
생사生死의 닻줄을 끊는 길이다.

하루의 식량을 얻기 위해 애쓰지 말라.
만겁의 식량을 잃게 되느니라.
금생에 자신을 제도하지 못하면 만겁을 두고 후회하리라.

전도몽상 轉倒夢想

전도된 생각과 행동이 아주 정상적이고 보편화된 것처럼 행해지는 것을 전도몽상이라 하고, 오탁악세에 일어나는 현상이라 한다.

자식이 부모를 봉양하지 않는 것이 전도된 것이요,
제자가 스승을 공경하지 않는 것이 전도된 것이며,

정치하는 사람이 국민을 친애하지 않음이 전도된 것이요,
공직자가 국민의 혈세를 자신의 쌈짓돈처럼 취하고 낭비함이 전도된 것이며,

남을 속이고 울리고 손해되게 하고 자신의 뱃속을 채우는 일이 전도된 일이요,

그릇된 생각과 행동을 하면서 가책을 느끼지 않음이 전도된 일이며,

생자필멸生者必滅이요, 무상전변無常轉變함을 모르고 끝없이 추구함

이 전도된 일이요,

삿된 생각과 행동에는 반드시 고통의 과보가 따른다는 진리를 모르는 것이 전도된 일이다.

법화경보다 더 높은 경전이 있다고 주장함이 전도된 것이다.

전도轉倒된 생각이 오히려 당연한 일이라 여기는 시대에 우리는 살고 있다.

부모가 자식에게 잘하는 것은 당연한 일이고, 자식이 부모를 잘 모시는 일은 대단한 일이라,

자식이 부모를 모시지 않는 일이 일반화, 보편화된 것 같다.
자식이 성장하여 부모와 한집에서 생활함이 오히려 이상하게 여기는 시대이다.

오늘날 독거노인들의 현실이 지금 젊은이들의 내일이 될 것이다.
아무런 응답이 없어도 자식을 짝사랑하는 부모의 마음을 누가 막으리오.

부모는 복전福田이라는 말이 무색해진 세상에 우리는 같이 호흡하

고 있다.

일등 국가가 되자면 몇 가지 조건이 따르는데, 효행孝行이 한 가지
필수적인 조건이다.

효행이 없는 나라는 일등 국가가 될 수 없다.
효행은 인간의 인륜지대사人倫之大事이기 때문이다.

부모의 정성과 희생은 옛날과 다름이 없는데, 자식의 효행은 점점
사라지는 세상이 되어 간다.
이러함이 전도轉倒된 일이니 옳고 그름이 뒤바뀐 것이다.
정견正見이 사견邪見에 묻혀가고 있다.

내 자신이 이 세상에 있게 한 근본이 곧 부모이다.
이렇게 막중한 부모의 은혜를 잊고 사는 세상으로 변해가고 있는
것 같다.

인자仁者는 재물을 베풀어 주변을 윤택하게 하고,
어리석은 자는 재물로 인하여 목숨을 잃는다.

수행자는 몸을 법기法器로 삼고,
범부는 몸의 시종이 되고 심부름꾼이 된다.

어리석은 자는 세상 파도와 싸우고,
지혜 있는 자는 세상 파도를 탈 줄 안다.
범부는 시시비비是是非非에 말려들고,
지혜 있는 자는 구경꾼자로 남는다.

범부는 색상色相에 마음을 팔고,
성인은 마음을 챙긴다.

법화행자는

이 법화경을 읽는 자는 항상 근심과 번뇌가 없고, 또 병의 고통이 없으며, 얼굴빛이 곱고 희며, 빈궁하고 비천하고 추하고 더러운 데 태어나지 않으며, 중생이 보기를 즐거이 하되 거룩한 성현을 사모함과 같고, 천상의 모든 동자들이 이를 위하여 시중들며, 칼과 몽둥이로 해치지 못하고 독약이 능히 해치지 못하며, 만약 사람이 악하게 욕을 하면 입이 곧 막힐 것이며, 두루 다녀도 두려움 없기는 사자왕과 같으며, 지혜의 광명이 해와 같이 비치리라.

_「안락행품」

법화행자는 당당하면서도 오만하지 말아야 하고, 유연하면서도 무능하지 않아야 하고, 뜻이 견고하면서 모두를 융섭해야 하고, 슬기로우면서도 뽐내지 말아야 한다.

법화행자는 번뇌를 끊고 보리를 얻으려고 애쓰지 말고, 생사를 싫어하고 열반을 얻으려 하지 말고, 사바를 떠나 정토를 구하지 말고, 묘법妙法을 떠나 무상도無上道를 얻으려 하지 말아야 한다.

77

성냥불 하나가 온 산을 태우듯,
작은 악惡이 모여서 공덕의 숲을 태우고
나무불 한 번 외워도 모두 성불한다 하셨으니,
작은 선善이 불도를 이루는 단초가 된다.

악惡은 선善을 덮는 구름과 같고, 선은 악을 거르는 바람과 같다.
악이든 선이든 마음에서 비롯되었으니 마구니와 부처가 한집에서
동거함이라,
이를 선악善惡이 불이不二라 하느니라.

따라서 악惡을 끊으려고 애쓸 것도 없고 선善을 쌓으려고 힘쓸 것
이 아니라, 그 마음을 단속하여 잘 챙기면 되느니라.

송백松栢은 엄동설한에 푸르름을 더하고

군자君子는 고난을 만나면 장부의 기상을 드러내고

수행자는 고난을 청請하지 않지만

고난을 억지로 피하지 않는다.

내가 노력하지 않고

내가 희생하지 않고

내가 혼신을 다하지 않고

뜻한 바가 이루어지는 일은 이 세상에 아무것도 없다.

이런 까닭으로 수행하는 이는 부처님 멸도하신 뒤 이와 같은 경을 듣고 의심함을 내지 말 것이며, 응당 마땅히 일심으로 널리 이 경을 설하여 세세생생 부처님을 만나 빨리 불도를 이룰지니라.

_「상불경보살품」

인간의 몸 받기가 어려워 마치 바다에 빠뜨린 바늘 찾기와 같다고
하고,
불법 만나기 어려워 억억만겁이 지나서야 겨우 법화경을 얻어 들
으며,
억억만겁이 지나서야 모든 부처님께서 겨우 설하신다는
이 경을 금생에 만났으니, 어찌 소홀함이 있겠는가.

부처님 만나기가 어렵고 어려워 애꾸눈 거북이가 바다에 뜬 널빤
지 구멍을 만나는 것과 같다고 이르셨노라.
금생에 이 경을 만났을 때 이 몸을 제도하지 못한다면 또 어느 생을
기약하리오.

모든 부처님께서 세상에 출현하심은 멀고멀어 만나기 어렵나니,
세상에 출현하신다 하여도 이 법을 설하시기는 또 어렵고,
한량없고 수없는 겁에 이 법을 듣기 또한 어렵나니,
능히 이 법을 알아듣는 자, 이런 사람은 또한 다시 어렵도다.

_「방편품」

이렇게 만나기 어려운 이 법화경을 만난다 해도 여설수행如說修行
이 따르지 않는다면, 자신의 일신조차도 건지지 못할진대 어찌 이
타利他행이 있겠느냐.

억억만겁 동안 헤아릴 수 없음에 이르러, 그때에야 겨우 이 법화경
을 얻어 들으며, 억억만겁 동안 헤아릴 수 없음에 이르러 모든 부처
님께서 그때에야 이 경을 설하시나니.

제법실상諸法實相 : 세상에 있다는 모든 것의 참모습을 두고 제법실상이라 한다.

세상에 있다는 모든 것이 저마다 마음을 떠나 있는 것이 아니다.

마음을 떠나 한 물건도 없다.

저마다 마음이 제법諸法이다.

제법실상諸法實相이란 자신의 마음의 참모습이다.

마음의 참모습은 본래부터 상자적멸상常自寂滅相이다.

상자적멸상은 우리의 자성自性이며 불성佛性이다.

자심自心의 성품性品은 본래부터 청정무구淸淨無垢하여 무명無明에

물들거나 무엇에 의하여 변질되거나 파괴되지 않는다.

상자적멸상常自寂滅相 그대로다.

항상 스스로 적멸한 모습이다.

그러면서 모든 것을 함장하고 포용하고 융섭하고 있다.

우리의 마음의 참모습이 곧 상자실상常自實相이다.

만법萬法이 마음의 바다에서 비롯됨이니라.

중도실상이라 한다.

중도中道와 실상實相은 같은 뜻을 갖고 있다.

중도中道는 시시비비是是非非가 끊어져 옳고 그름과 크고 작음과 흑과 백, 이것과 저것 등 온갖 대립적인 생각을 떠나 모두 융섭하고 있다.

즉, 색즉시공色卽是空 공즉시색空卽是色이다.

수행자가 모든 분별심分別心을 내려놓으면 시시비비是是非非에 걸리지 않는다.

중도中道의 입장에서 보면 평등대혜平等大慧이니, 공중에 바람과 같이 장애가 없고 걸림이 없다.

이승二乘은 열반涅槃을 얻는 데 집착하지만, 보살菩薩은 생사生死가 곧 열반涅槃임을 체득하며 번뇌煩惱가 곧 보리菩提임을 증득한다.

중도실상中道實相은 선善과 악惡에 치우치지 않는다.

허虛와 실實이 불이不二이니라.

얻을 것이 없다는 것을 얻었기에 진정 얻었다 함이니라.
본래부터 얻으려야 얻을 것도 없고
잃으려야 잃을 것이 없느니라.
저것을 얻었다 이것을 잃었다,
모두 방편方便이고 허튼 소리야.

작년에 가난은 주머니가 비었더니,
올해 가난은 빈주머니마저 없네.

작년에 가난은 송곳 꽂을 땅도 없었는데,
올해 가난은 송곳마저 없네.

지지불수설止止不須說
그만, 그만두어라.
다시 말하지 말지니라.

이런 도리가 중도실상이니라.

시작을 알 수 없는 오랜 옛적부터 본성本性에

일체 공덕이 갖추어져 있다.

이를테면 큰 광명의 뜻이며,

법계를 두루 비춘다는 뜻이며,

사실 그대로 안다는 뜻이며,

청정무구淸淨無垢하다는 뜻이며

상락아정常樂我淨의 뜻이며

적정寂靜하여 변하지 않아 자재하다는 뜻이다.

이러함을 여래장如來藏이라 하고

법신法身이라고 한다.

_『마하지관』

법신은 진여眞如이며, 진여는 일체 법의 실체이다.

이를 제법실상諸法實相이라고 한다.

제법실상이란 마음의 참모습이다.

일체가 곧 마음이고 마음이 곧 법신法身이고 여래이다.

진여와 실상과 법신은 곧 마음의 참모습이다.

묘법妙法을 믿는다는 것은 자신을 믿는 것이요,

묘법을 이해하고 깨닫는 것은 자신을 이해하고 깨닫는 것이다.

심야묘법心也妙法이기 때문이다.

마음이 곧 묘법이다.

자아득불래自我得佛來를 깨닫는 것은

자신의 본래 성불을 깨닫는 것이요,

묘법을 위하고 따르는 것은 자신을 위하고 따르는 일이다.

묘법이란 불가사의 자신의 일이기 때문이다.

묘법을 모르는 자는 자신을 모르는 사람이라,

자신을 모르는 자는 부처 성품을 모르는 자이니,

어찌 불성佛性을 회복하리오.

자신의 마음 밖에서 부처를 찾고 진리를 찾는다면, 마치 높은 언덕
에 올라 진종일 남의 목장의 소를 헤아리는 것과 같아 반 푼어치의
이익도 없으리라.

만약 중생 성불의 직도인 법화경을 벗어나 중생 성불의 길을 찾는
다면, 토끼를 떠나 토끼의 간肝을 찾는 어리석은 거북이와 같으리.

법화경은 모든 부처님의 정요精要요,
제불 세존의 혼魂이요, 비밀지장秘密之藏이라.
이 경을 떠나 달리 무상도는 없음이라.
믿고 수행하면 성불이 결정코 의심이 없으리라.

저마다 마음 가운데 부처가 머물고 있고 또한 중생이 머물고 있어요.

부처와 중생이 마음 가운데 공존하고 있으니, 한순간 제법실상諸法實相의 도리를 깨달아 직지법성直至法性을 회복하면 부처이고,

오욕락五欲樂에 젖어 육신의 시종 노릇을 함을 중생이라 합니다.

중생 세계는 아홉 갈래가 있으니 구법계九法界라 하고 중생계衆生界라 하지요.

불계佛界와 더불어 십법계十法界라 합니다.

우리들 마음 가운데 십법계十法界를 갖추고 있음이 불가사의不可思議하여 묘법妙法이라 이름하고 있습니다.

유화질직자란

유화질직자柔和質直者는 세상에 있다는 모든 것의 참모습을 깨달은 자입니다.

유화질직자란 부드럽고 온화하며 바탕이 곧고 반듯한 사람을 두고 이르는 말입니다.

법화경을 받아 지니고 수행하면 한결같이 유화질직자가 될 수 있습니다.

사람들을 보되 부처님과 같이 보는 눈이 열린 이런 법화행자를 유화질직자라 합니다.

자신의 뜻과 맞지 않은 경우라도 맞서지 않고 다투지 않되, 그러나 자신의 뜻을 굽히지 않습니다.

칭찬에 우쭐하고 비방에 불끈하는 범부의 행이 아니고, 항상 부드럽고 온화한 마음이 곧고 반듯한 사람, 법화경에서 퇴전하지 않는 사람이 유화질직자입니다.

만리풍취산부동萬里風吹山不動

만리에서 부는 바람도 산을 움직일 수 없듯이

부처님의 자비광명을 훼손할 수 없고,

천년수적해무량千年水積海無量

천년 동안 모인 바닷물이 한량없듯이

부처님의 무량 공덕을 헤아릴 수 없다.

마음의 때(垢)가 바로 부처이고, 바로 법이고 바로 도道인 줄 모른다.

마음을 떠나 부처도 없고 한 법도 없고 또한 도도 없다.

파도는 애쓰지 않아도 바다로 돌아간다.

바다와 파도는 같은 물이니라.

마음의 때(垢)는 파도와 같고, 자성은 바다와 같다.

파도와 바다가 불이不二니라.

번뇌즉보리煩惱卽菩提요,

생사즉열반生死卽涅槃이니라.

번뇌를 끊으려고 애쓸 것이 아니라,

그 마음의 참모습(實相)을 깨달아 증득함이 시급한 일이니라.

번뇌가 죽 끓듯 하는 중생을 떠나
성불할 자 아무도 없느니라.
일체 중생이 불성을 구족하였는데 중생을 가볍게 여기면
자신의 불성佛性을 상실하는 연緣이 되니라.

그러므로 일체 사람을 보되
마치 부처님을 생각함과 같이하고,
모든 중생을 부모를 생각함과 같이 할지니라.

만약 누가 중생 성불을 의심한다면
삼세제불의 금언金言을 의심함과 같으니,
이 일을 어찌하리오.

이 묘법妙法을 받아 지닌 자 성불 못함이
한 사람도 없다 하신 자부의 말씀을 어찌하리오.

오늘의 허물은 어제를 반조返照하지 못한 탓이니,
오늘의 허물을 바로잡아 내일의 허물을 막으련다.

오늘의 허물을 바로잡지 못한다면
내일의 중생지견衆生知見이 열릴 것이고,
오늘의 허물을 바로잡는다면 내일은 불지견佛知見이 열릴 것이다.

수행자여,
색법色相에 마음을 팔지 마라.
아무리 애써 봐도 덧없이 흐르는 구름과 같으리라.

경계境界에 마음을 팔면 백만 가지 허물이 생기리라.

사람마다 본래 스스로 청정한 불성佛性을
구족하고 있음을 인정하여
이에 의지해 덕을 쌓고 선善을 닦아
무상보리를 원만히 이룰 수 있다.

_ 성운스님

중생에게 모두 불성이 있음을 모르고
중생을 부정한다면
이는 진불眞佛을 부정하는 것이다.
진실한 부처님의 체성體性은 어디에 있는가.
바로 중생 가운데 있다.

_ 연수대사

생사즉열반生死卽涅槃 번뇌즉보리煩惱卽菩提

생사가 곧 열반이요, 번뇌가 곧 보리이라

사바즉적광娑婆卽寂光 중생계즉불계衆生界卽佛界

사바가 곧 적광토요, 중생계가 곧 불계이니라.

시법주법위是法住法位 세간상상주世間相常住

이 법은 법의 위치에 머물고, 세간의 모습에도 항상 머무느니라.

제법적멸상諸法寂滅相 불가이언의不可以言宜

모든 법이 적멸의 모습이니, 말로써 가히 언설할 수 없다.

당지시묘법當知是妙法 제불즉비요諸佛卽秘要

마땅히 알지니, 이 묘법은 모든 부처님의 곧 비요이니라.

여래如來 여실지견如實知見 삼계지상三界之相

여래는 삼계의 모습을 실상과 같이 보고 알아

무유생사無有生死 약퇴약출若退若出

역무재세亦無在世 급멸도자及滅度者

생사와 물러남과 나옴이 있을 수 없고

또 세상에 있거나 멸도한 자도 없으며

비실비허非實非虛 비여비이非如非異

불여삼계不如三界 견어삼계見於三界

진실도 아니고 허망한 것도 아니라,

삼계에서 보는 삼계와 같지 않느니라.

실상實相

실상實相이란 진실한 모습이다.
어떤 사물의 참된 모습을 실상이라 한다.
색상色相이 불성佛性이요,
불성佛性은 모습 없는 모습으로 모습 있는 모습이요.

색심불이色心不二요, 인과불이因果不二요, 선악불이善惡不二라.
색심이 불이요, 인과가 불이요, 선악이 불이니라.

색즉시공空卽是色 색즉시공色卽是空
공이 곧 색이요, 색이 곧 공이라

색불이공色不異空 공불이색空不異色
색이 공과 다르지 않고, 공이 색과 다르지 않다.

이실무상비상색而實無相非相色
이에 실상은 형상이 없으며 형상과 색이 아니니

일체유상안대절一切有相眼對絶

일체 형상이 있는 것과 눈이 보는 대상이 끊어진 것이오니

무상지상유상신無相之相有相身

형상이 없는 형상으로 형상이 있는 몸이시며

중생신상상역연衆生身相相亦然

중생의 몸 형상의 모습도 또한 그러하오니

무량의자無量義者 종일법생從一法生

기일법자其一法者 즉무상야即無相也

무량의는 하나의 법으로 좇아 났으며,

그 하나의 법은 곧 형상이 없음이니

여시무상如是無相 무상불상無相不相

불상무상不相無相 명위실상名爲實相

이와 같이 형상이 없는 것은 형상도 없으며 형상도 아니니,

형상이 아니기에 형상이 없으므로 실상이라 이름하느니라.

성문약보살聲聞若菩薩 문아소설법聞我所說法

성문이나 혹은 보살이 나의 설하는 법을 듣고

내지어일게乃至於一偈 개성불무의皆成佛無疑

한 게송에 이를지라도 모두 성불함이 의심이 없느니라.

영명연수 대사

북송北宋 때 영명연수(永明延壽, 904~975) 대사大師

저서: 『만선동귀집萬善同歸集』, 『유심결唯心訣』

오월吳越 나라의 현률(縣律: 영명연수의 출가 전 직책)이 지방 세금을 거두었는데,

관의 돈을 쓸 때마다 생명生命을 방생한 죄罪로 죽게 되었다.

그는 죽음 앞에서 오히려 고향으로 돌아가는 것이라 하며, 얼굴색 하나 변하지 않고, '나를 치려는 그 칼날이 마치 봄바람을 베는 것과 같으리라.' 하였다.

이에 임금은 연수를 살려주라 명령했다고 한다.

연수대사는 어린 시절 60일 만에 법화경을 전부 암송했다고 한다.

제법실상을 깨달아 증득하면 죽음 앞에서도 두려움이 없느니라.

생사가 곧 열반이니라(生死卽涅槃).

수행자의 마음가짐

마음이 담박한 사람은 생활이 검소하고 청렴하다.
마음이 맑고 청량한 사람은 생활이 맑고
마음이 향기로운 사람은 주변을 향기롭게 한다.
마음이 자비로운 사람은 주변을 이롭게 한다.

마음에 탐욕심이 많은 사람은 항상 고통 속에서 생활하고
마음이 어리석은 사람은 항상 사견에 빠져 있고
마음이 부정한 사람은 항상 남을 시기하고 원망한다.
마음이 번거로운 사람은 주변을 어지럽게 한다.

마음이 윤택한 사람은 주위를 윤택하게 하고,
마음에 메마른 사람은 주위를 메마르게 한다.
마음이 지혜로운 사람은 인생의 정답을 자신에게서 찾고
어리석은 사람은 인생의 정답을 밖에서 찾는다.

대웅보전 새로운 주련으로 장엄하다

구원실성석가존久遠實成釋迦尊　상재세간도중생常在芾間度衆生

수명무량아승지壽命無量阿僧祇　중생교화열반상衆生教化涅槃相

본불수명귀명례本佛壽命歸命禮

구원겁 전에 성불하신 석가세존께서는

항상 세간에 계시면서 중생을 제도하시네.

수명은 한량없는 아승지 겁이나

중생을 교화하기 위하여 열반상을 보이시니

본불님 수명에 귀명례합니다.

불교의 위없는 법이 법화경 여래수량품입니다.

위의 주련은 여래수량품의 내용을 담고 있습니다.

석가세존께서는 무량무변 백천만억 나유타 겁 전에 성불하시고는

항상 세간에 머무시면서 중생을 제도하심이 끝이 없는 것입니다.

열반에 드시지 않고 또 미래 겁이 다하도록 항상 여기 머무시면서

중생을 교화하여 불도에 들게 하시고 계십니다.

무상심

세상 파도는 정도의 차이지 누구에게나 오는 법이다.
세상 파도를 피하려고도 애쓰지 말고
세상 파도와 싸우지도 말고 그냥 파도를 타는 것이야.

내가 부드러워지면 그 누구도 나를 해치지 못하는 법이지요.
칼로써 물을 벨 수 없듯이
유화질직자柔和質直者가 되면
세상 어떤 파도도 두렵지 않아요.

법화행자는 어떠한 환경에서도 살아남아야 하고
어떤 어려움도 능히 극복할 수 있어야 합니다.

빈둥빈둥 할 일 없이 세월을 보내는 사람을 인생을 낭비하는 사람
이라 하고, 적극적으로 자비행慈悲行 하는 사람을 인생을 창조하는
사람이라 한다.

날마다 시간마다 자신에게는 기회인데 그냥 아무 배려 없이 보낸
다면 인생의 소비자라 하고, 필요할 때 적절히 결정하는 사람을 이
는 인생을 창조하는 창조자라 한다.

마음이 청정하면 일마다 불사요, 일마다 불공이다.

보살이 행할 바는 자리이타自利利他행이니,
우리 모두가 보살의 정신과 힘을 이미 갖추고
있으니 우리 모두가 바로 보살입니다.

수많은 가르침을 듣고자 애쓸 필요는 없습니다.
한 가지라도 실천할 수 있어야 하고,
한 구절 한 게송만이라도 믿고 따른다면
깨달음을 성취할 수 있습니다.

도반道伴이라 함은

내가 잘못된 점을 지적하여 교정해 주고,

잘하는 부분이 있으면 칭찬해 주고,

어려울 때 등 돌리지 않으면 좋은 도반이라 할 것입니다.

지혜는 사람과 사람 사이에서 서로 부대끼는 데서 나오기도 하고,

고통의 바다에서 나오기도 하고,

현실의 생활 가운데서 나오기도 한다.

도반은 큰 인연입니다.

실상참회

일체 법이 공하여 스스로 적멸상寂滅相이니
이 몸도 마음도 공하여 스스로 적멸상이라.
이 몸과 마음이 공하여 스스로 적멸상이니
죄와 복도 공하여 스스로 적멸상이라.
죄와 복이 공하여 실체實體가 없고 주인이 없고
머물 곳이 없느니라.
바람이 허공에 머물 수 없듯이.

이런 도리가 실상참회요, 대참회요,
장엄참회요, 무죄상 참회요,
심식을 파괴하는 참회라 함이니라.

묘법은 형상이 있는 것이 아니기에 보일 수도 없고
집어 줄 수도 없습니다.

생사가 곧 열반이요(生死卽涅槃)
번뇌가 곧 보리요(煩惱卽菩提)
사바가 곧 적광이요(娑婆卽寂光)
중생계가 곧 불계(衆生界卽佛界)이니

이러함이 불가사의한 법이라 부득이
묘법연화경妙法蓮華經이라 이름한 것입니다.

제법인諸法因은 실상實相이요,
실상은 곧 묘법연화경이며,
묘법연화경은 중생 성불의 혈맥血脈입니다.

저마다 자성自性은 본래부터 저절로 청정입니다.
본래부터 저절로 열반의 바다입니다.
본래부터 저절로 적멸寂滅입니다.

저마다 자성은
본래부터 스스로 진여眞如입니다.
본래부터 스스로 실상實相입니다.
본래부터 스스로 법신法身입니다.

이러함이 불가사의하여 부득이
묘법연화妙法蓮華라 이름한 것입니다.

마음이 번잡하고 시끄러운 사람은
주변을 시끄럽고 혼잡스럽게 합니다.
마음이 안정되고 향기로운 사람은
주변을 편안하고 향기롭게 합니다.

시시비비가 일어났을 때 그냥 보는 자로 남아야 합니다.
잘잘못을 가리려 한다면 시끄럽게 되고 번잡해집니다.
지나가는 바람처럼 때가 되면 시시비비는 지나가게 됩니다.
구경꾼자로 남으면 됩니다.

메마른 가지에는 열매가 맺지 않듯이
메마른 성품에는 결실이 없습니다.
긍정적이고 항상 자비심을 갖는다면
건강하고 향기로운 열매가 열리게 됩니다.

능력이 없어서 지는 것은 패배입니다.
능력이 있으면서 질 줄 아는 것은 양보와 관용寬容입니다.
남에게 이기기 좋아하면 반드시 적을 만나게 되고,
원망과 시기가 따르게 됩니다.
질 줄 아는 것은 용기 있는 지혜입니다.
그리고 용기 있는 바보입니다.

어떤 시시비비是是非非에 걸렸을 때
오로지 관용寬容과 자비심慈悲心만이 바람처럼 지나갈 것입니다.

옳고 그름을 가리려고 한다면 원망과 훼방이 따르게 되고,
자비심慈悲心으로 대한다면 시시비비는 끝날 것입니다.

묘법妙法을 바르게 믿고 수행한다면
건강하고 행복한 삶의 여정에 어긋남이 없을 것입니다.

어떤 시시비비도 지나가는 바람과 같습니다.

어떤 고난이 왔을 때 피하려고 하거나 남 탓으로 돌리지 말고,
부처님께서 더 열심히 수행하라는 가피력이라 생각한다면
어떤 어려움도 극복할 수 있습니다.

지혜 있는 자는 고난이 왔을 때 자신의 발전할 수 있는 기회로 삼
고, 어리석은 자는 운運 탓으로 돌리고 남 탓으로 돌리게 됩니다.

고난을 만났을 때 지혜 있는 자는 방법을 찾고,
어리석은 자는 핑계를 찾습니다.

사람은 저마다 져야 할 책임이 있습니다.
자신의 책임에 성실하다면 떳떳한 삶이 될 것이고,
책임을 피하고 등진다면 누군가에게 피해가 돌아갈 것이니
떳떳한 삶이 못될 것입니다.

자신이 져야 할 책임을 남에게 돌린다면
성실한 사람이라고 말할 수 없습니다.

촉루품囑累品

"내가 한량없는 백천만억 아승지 겁에 이 얻기 어려운 아뇩다라삼
먁삼보리법을 닦고 익혀서 이제 너희들에게 부촉하노니, 너희들은
응당 일심으로 이 법을 유포하여 널리 이익 되게 할지니라."

이와 같이 세 번이나 모든 보살마하살의 머리를 어루만지시고 이
런 말씀을 하시되,

"내가 한량없는 백천만억 아승지 겁에 이 얻기 어려운 아뇩다라삼
먁삼보리법을 닦고 익혀서 지금 너희들에게 부촉하노니, 너희들은
마땅히 받아 지니고 읽고 외워서 널리 이 법을 펴서 일체 중생으로
하여금 두루 듣고 알게 할지니라."

이때 모든 보살마하살이 부처님의 이 말씀을 듣고는 모두 큰 기쁨
이 두루 그 몸에 가득차서 더욱 공경을 더하여 몸을 굽히고 머리 숙
여 합장하고 부처님을 향하여 함께 소리 내어 말씀하되,

"세존께서 분부하신 대로 마땅히 갖추어 받들어 행하오리다.
오직 그러하오니 세존이시여, 원하옵건대 염려하지 마시옵소서."

모든 보살마하살 대중이 이와 같이 세 번이나 반복하여 함께 소리
를 내어 말씀하되,

"세존께서 거듭 분부하신 것과 같이 마땅히 갖추어 받들어 행하오

리다. 오직 그러하오니 세존이시여, 원하옵건대 염려하지 마시옵
소서."

법화경을 부촉하기 위하여 부처님께서는 세 번이나 다짐하시고,
모든 보살은 세 번이나 맹세하신 가운데 이 아뇩다라삼먁삼보리법
을 부촉하신 것이다.
아무리 힘들고 어려움이 있다 해도 이 법을 받아 지니고 읽고 외우
고 널리 펴라 하심이요,
아무리 어렵고 힘듦이 있다 해도 결코 물러서지 않고 부처님의 뜻
에 따라 이 경을 널리 펴겠다는 맹세함이 촉루품의 뜻이다.
광음光陰은 유수와 같아 오오백년(이천오백 년)이 지나 오탁악세가
도래된 것이다.

필부도 언약을 어기지 말아야 하거늘, 항차 우주의 대 거성인 보살
들이 부처님 앞에서 세 번이나 맹세하고 불러 받은 묘법연화경을
어찌 놓치겠는가.
맹세의 언약을 어찌 잊겠는가.
상행보살·무변행보살·정행보살·안락행보살 등 사대보살을 상수
한 천세계 미진수의 본화보살과 문수보살을 상수로 한 팔천 항하
사 적화보살들이 시방세계 여기저기에서 솟아나와 묘법연화경을
널리 유통할 것이니라.
이 모든 보살들은 묘법연화경 제목 다섯 자를 소지하고 세상에 나

와 중생들의 귀에다 걸어주고 입에다 넣어 주리라.

오탁악세에 몸을 받는 중생들은 죄업이 무겁고 업장이 두텁고 근기는 하열하고 나我라는 아만심은 높으니, 이와 같은 중생은 중병 환자와 같음이라.

이런 중병 환자는 가벼운 약으로 중병을 치료할 수 없다.

묘법연화경이라는 대양약이 아니면 중생 성불이 어렵다.

묘법연화경은 중생 성불의 혈맥血脈이다.

부처님께서 백천만억 아승지 겁에 이 얻기 어려운 아뇩다라삼먁삼보리법을 구고정념口苦精念 부촉하신 이 경을 만났으니, 마치 돌을 주고 금덩어리를 얻은 것과 같도다.

어찌 금덩어리를 놓치리오.

모든 불자가 이 묘법연화경을 받아 지니고 수행하면 성불함이 결정코 의심이 없으리라.

부처님께서 중생 성불을 증명하신 금언金言이니라.

부자들의 공통점

- 부자들은 부지런하다.
- 부자들은 검소하고 근검절약한다.
- 부자들은 돈을 잘 쓸 줄 안다.
- 부자들은 경제의 흐름을 탈 줄 안다.
- 부자들은 베풂을 생활화한다.
- 부자들은 재물의 가치성을 잘 활용한다.
- 부자들은 시간을 금쪽같이 여긴다.
- 부자들은 작은 돈을 아끼고 큰돈을 쓴다.
- 부자들은 항상 만족함을 안다.

수행자修行者의 본분本分을 잊지 마라

삼라만상森羅萬象 개오사皆吾師
삼라만상이 모두 나의 스승이다.

진에심瞋恚心 백만종장百萬種障
성내는 마음은 백만 가지 장애를 부른다.

재어한처在於閑處 수섭기심修攝其心
한적한 곳에 머물면서 그 마음 닦아 다스리고,

안주부동安住不動 여수미산如須彌山
편안히 머물러 움직이지 않기를 수미산과 같이 하라.

방하착放下著 하라.
자비慈悲는 불교의 근본이다.

견문경계제대절見聞境界諸對絶
보고 듣는 모든 경계를 끊고

시시비비도방하是是非非都方下

시시비비를 내려놓고

단심불상자귀의但心佛常自歸依

다만 마음의 부처에 항상 스스로 귀의하라.

이공경심以恭敬心 대치아만對治我慢

공경심으로 아만심을 대치하고

이자비심以慈悲心 대치진에對治瞋恚

자비심으로 성내는 마음을 고치고

이화합심以和合心 대치조폭對治粗暴

화합심으로 거칠고 사나움을 대치하고

이지계심以持誡心 대치허망불실對治虛妄不實

지계심으로 허망함과 진실하지 못함을 고치고

범부경계취凡夫境界取 성인자심취聖人自心取

범부는 경계를 취하고, 성인은 스스로 마음을 취한다.

교양과 덕목德目을 갖춘 사람 인격자人格者는 모든
일에 긍정적인 사고를 갖고 있다.

쇠붙이를 망가뜨리는 것은 녹이고,
사람을 망가지게 함은 부정적否定的 감정이다.

남의 허물을 보기 좋아하는 사람은 대개 부정적否定的 감정을 갖고 있다.

1. 자신이 남보다 모든 면에서 뛰어나다고 생각하고 아만심我慢心이 높은 사람은 남의 허물을 곧잘 말한다.

2. 자신의 부족한 부분을 가리기 위하여 곧잘 남의 허물을 말한다.

3. 의지력義志力이 약하고 판단력이 약하여 옳고 그름을 분간 못하고 매양 남의 허물을 드러내기 좋아한다.

4. 교양과 덕목을 갖추고자 하는 사람이 묘법妙法을 수행修行하면 유화질직자柔和質直者가 될 수 있다,

부동산 가진 부모는 빨리 죽기를 바라고,

연금 받는 부모는 오래 살기를 바란다는 웃지 못할 말이 있다.

부동산도 없고 연금 받는 것도 없다면,

그때는 따로 생활하면 된다.

났거든 죽지 말고

죽었거든 나지 마라.

생멸生滅에 묶이지 마라.

생사生死가 고통이라,

생사生死를 싫어하고

열반涅槃을 얻기를 바란다면

이는 소아小我이고 소승小乘이니라.

권위를 빌어 잇속을 챙기는 것은
남의 시중꾼이 되기 위해 애쓰는 일이요,
비록 가난해도 행실이 바르다면, 부끄러운 일이 아니다.
마음은 편안하고 넉넉함이 함께한다.

경계에 끄달려 자신을 잃고 사는 것이 중생이요,
육신의 시종이 되어 한평생을 헛되이 보냄이 범부이다.
성인은 마음을 취하되 거기에 집착하지 않는다.

부귀영화富貴榮華를 모든 사람들이 구할지라도
옳은 길이 아니라면 가지 말아야 하고,
빈천貧賤한 것을 사람들이 싫어할지라도
부끄럽지 않는 일이라면 애써서 없앨 것이 못된다.

나를 부정하면 부처가 되고,
부처를 부정하면 내가 된다.

아불급중생我佛及衆生 이삼무차별而三無差別
나와 부처와 중생이 이에 셋이 차별이 없으니,
불가사의不可思議 묘법妙法이라 하느니라.

상재영취산常在靈鷲山 급여재주처及餘諸住處
부처님은 영취산과 또 다른 모든 곳에 항상 머물고 있느니라.

중생심행중衆生心行中 이여래상재而如來常在
중생의 마음 가운데 이에 여래는 항상하고 있느니라.

위의 말씀을 곱씹으면 부처의 맛이 우러나리라.

무상불상명실상 無相不相名實相
즉시여래진실상 卽是如來眞實相
제불법신입아성 諸佛法身入我性
아성환공여래합 我性還共如來合

무상은 불상이니 이름하여 실상이요,
이것이 곧 여래의 참모습이로다.
제불의 법신이 나의 성품에 들고,
나의 성품이 다시 여래와 합치도다.

마음은 마군도 되고 부처도 된다.

마음이 몸의 주인 노릇을 하면 몸이 건강해지고

마음이 몸의 종노릇을 하면 몸이 불행해진다.

마음을 잘 굴리면 도량이 되고

잘못 굴리면 마구니가 살고 있는 소굴이 된다.

마음을 닦으면 몸은 보리수가 되고

닦지 않으면 잡초가 무성한 잡초 밭이 된다.

97세의 노인께서 국궁 활쏘기도 하시고, 테니스도 치시고, 운전도
손수 하시고, 밤도 줍고, 나뭇가지 전지도 하신다고 한다.
건강하신 비결이 어디에 있느냐고 묻자,
마음을 편안하게 갖고 생활한다고 하셨다.
행복은 물질에 있는 것이 아니고 마음먹기에 달렸음이라.
매사에 긍정적인 생각을 갖는다면 건강한 삶을 유지할 수 있다.
얼마나 사느냐가 아니고 어떻게 사느냐가 중요한 것 같다.

본래부터 바탕은 중생衆生과 부처가 불이不二였건마는,
아상我相을 앞세우다 보니 부처가 멀어진 것이다.

무상지상유상신無相之相有相身
여래는 모습 없는 모습이나 모습 있는 몸을 나투심은
순전히 중생衆生을 교화敎化하기 위함이시다.
이를 응화용신應化用身이라 함이니라.

중생신상상역연衆生身相相亦然
중생의 신상도 또한 이와 같은 모습이니라.
진불眞佛의 부처님 체성體性은 어디 있는가.
바로 중생衆生 가운데 있느니라.

돌아갈거나, 돌아갈거나
실상의 고향으로 돌아갈거나
현실의 삶이 어쨌느냐고 묻는다면 훼방과 질시가 따랐지만
얻을 것 없는 것을 얻었기에 진정 얻었다 할 수 있으니
밝은 삶이었다고 말하리라.

돌아갈거나, 돌아갈거나
진여의 고향으로 돌아갈거나
현실의 삶이 어떠하더냐 묻는다면
한때는 간탐과 방종이 있었지만 묘법의 양약을 얻었으니
행복하고 보람된 삶이었다고 말하리라.

법화경法華經은 시방삼세十方三世 제불諸佛께서 출생出生하시는 성
태聖胎이며, 본화적화本化迹化 모든 보살이 길러지는 요람이다.

모든 부처님 세존께서 이 법화경에 의해 출생하셨고, 모든 보살이
이 경에 의해 불도佛道를 이루게 되는 것이다.

법화경法華經은 탐진치貪瞋癡의 삼독三毒을 치료하는 대양약大良藥
이며, 중생衆生의 무명無明을 끊는 이로운 칼날이로다.

제불여래諸佛如來께서 이 경에 의해 여래십호如來十號를 얻으셨고,
또 모든 보살들이 이 경에 의해 여래십호를 얻게 됨이 명명백백明
明白白하도다.

육근六根을 잘 단속하면 성현聖賢이 드나드는 당처가 되고
육근六根을 단속하지 않으면 도둑이 드나드는 문이 됨이니라.

꽃향기는 바람을 거스르지 못하나
사람의 덕향德香은 바람을 거슬러 저절로 사방으로 퍼져 나간다.

꽃향기는 계절에 따르나
사람의 덕향德香은 계절과 상관없이 뽐내지 않아도 저절로 퍼진다.

육근六根을 다스리면 성현이 되고
육근六根의 심부름꾼이 되면 범부중생이 된다.

육근六根은 불성佛性이 작용하는 기관이다.
눈으로 가면 보는 성품性品,
귀로 가면 듣는 성품,
코로 가면 향기 맡는 성품,
혀로 가면 맛보는 성품,
피부로 가면 감촉을 느끼는 성품,
마음으로 가면 인식하고 알음알이의 성품,
이렇게 육근六根은 불성佛性이 작용하는 감각기관이다.

나를 앞세우면 부처가 멀어지고
부처를 앞세우면 내가 멀어진다.
내 가운데 부처가 상재함이라.
바람에 티끌이 구르듯 경계 따라 마음이 움직이면
이는 중생계라 이름하고,
마음이 움직이지 않기를 수미산과 같이 하여 적연부동寂然不動하면
불계佛界라 이름하느니라.

한 마음 가운데 중생계와 불계가 상재常在하니
이를 십계호구十界互具라 하느니라.

나를 앞세우면 서운함이 따르고 때로는 분노심이 생긴다.
부처를 앞세우면 시시콜콜 분별심이 사라지고 평온함을 얻는다.

무아무인무중생無我無人無衆生 무한정수無限定壽
나라는 것도 없고 너라는 것도 없고 중생이라는 것도 없고
한정된 수명이라는 것도 없네.

그대 가운데 부처를 인정하면 아뇩다라삼먁삼보리가 눈앞에 있네.
이름이 "아뇩다라삼먁삼보리"이지 실체가 없느니라.
고난의 파도가 오면 어리석은 자는 핑계를 찾고 도망갈 궁리만 하
고 지혜 있는 자는 원인을 찾고 방법을 찾는다.

어떤 일에 성공을 못하고 실패하면 어리석은 자는 남 탓으로 돌리고 운運 탓으로 돌린다.

지혜 있는 자는 자신 가운데서 원인을 찾는다.

남 탓으로, 운 탓으로 돌리는 사람은 또 실패할 가능성이 짙다.

십우도 十牛圖(심우도 尋牛圖)

소를 한 번도 잃어버린 적이 없다.

왜냐하면 소란 바로 자신이기 때문이다.

소란 그대의 에너지다.

그것은 그대의 삶이다.

소는 한 번도 잃어버린 적이 없다.

무엇을 찾을 필요가 있겠는가.

_ 라즈니쉬

심우도 尋牛圖

나는 언제나 여기에 있다.

나는 나를 버리고 떠난 적이 없다.

나는 나와 항상 같이 있다.

따라서 소를 한 번도 잃어버리지 않았다.

나와 항상 같이 있다.

사견邪見이 혜안慧眼을 가렸기에

소를 보지 못했을 뿐이다.

소를 한 번도 잃어버리지 않았다.

소는 나의 삶 그 자체이다.

잔설에 핀 매화는 향기를 팔지 않건마는
향기는 사방으로 퍼져 나간다.
사람의 향기도 이와 같아
지난날의 삶의 고통과 아픔이
오늘날 짙은 덕의 향기가 되어 주변을 향기롭게 한다.

사람의 덕향德香은 뽐내지 않건마는
스스로 퍼져 나가 주변을 향기롭게 한다.

자부慈父의 법향法香과 수행자의 덕향이 어우러져 있는 그곳이
문득 그리워질 때가 있으리니,

그때가 언제일지 모르지만…….

시사만평 時事漫評

나라 안이 혼란스럽다.
누가 이런 혼란을 불러왔는가.
전부 짜가의 짓이다.
저마다 나라를 위한다고 하지만 전부 짜가다.
저마다 국민을 위한다고 하지만 전부 짜가다.

삶은 소대가리 국물을 먹겠다고 기웃거리는 이들이
전부 짜가다.

세상을 혼란스럽게 한 사람은 있으나 책임질 줄 모르니
전부 짜가다.

내가 하면 로맨스요,
남이 하면 불륜이다.
진정 나라를 위하고 국민을 위한다면 빨리 집으로 돌아가라.
모든 짜가여.

아뇩다라삼먁삼보리阿耨多羅三藐三菩提를 번역하면 무상정등정각無
上正等正覺이라 합니다.

아阿는 무無의 뜻이요, 뇩다라耨多羅는 상上을 뜻함이요, 삼三은 정
正을 뜻하고, 먁藐은 등等을 뜻함이요, 보리菩提는 각覺을 뜻함이니,
무상정등각이며, 부처님의 지혜 구경지究竟地의 깨달음입니다.
"위없고 흠하나 없고 바르며 평등한 깨달음"이 곧 "아뇩다라삼먁
삼보리"입니다.
법화경은 아뇩다라삼먁삼보리가 오롯이 담겨 있는 경전입니다.

그 문장은 다음과 같습니다.

"마땅히 알지니라.
이 사람은 큰 보살이니라.
아뇩다라삼먁삼보리를 성취하였건마는 중생을 불쌍히 여겨 이 세
간에 나기를 원하여 널리 묘법연화경을 분별하여 연설함이라.

이 법화경을 혹은 보고 혹은 듣고 하여 듣고는 믿고 이해하여 받아
지니는 자는 마땅히 알지니라.
이 사람은 아뇩다라삼먁삼보리를 얻기가 가까우니라.

일체 보살의 아뇩다라삼먁삼보리가 모두 이 경에 속함이니라.

무상정등각을 얻고자 한다면 법화경을 놓치지 말아야 함이니라."

_「법사품」

송백松柏은 눈보라를 맞고 푸르름을 더하고,
군자君子는 고난을 만났을 때 기상을 드러낸다.

반석盤石은 비바람에 움직이지 않고,
군자君子는 칭찬과 비방에 움직이지 않는다.

사람은 고난을 먹고 성장하고,
수행자는 고난을 만났을 때 용맹정진 수행의 고삐를 당긴다.

상근기의 수행자는 훼방과 질시를 수행의 등불을 삼고,
하근기의 사람은 고난을 만나면 도망갈 궁리만 찾는다.

사람이 극복 못할 고난은 없느니라.

세상에 있다는 모든 것이 꿈과 같고, 환상과 같고, 물거품과 같고, 이슬과 같고, 번갯불과 같음이라.
세상 영화가 뜬구름과 같으니라.

이것을 얻었다 저것을 잃었다 하나 얻으려야 얻을 것도 없고 잃으려야 잃을 것도 없느니라.
얻을 것이 없는 것을 얻었기에 진정 얻었다 함이니라.
이러함이 제법실상諸法實相의 도리이니라.

모든 고통의 원인은 탐욕심이라,
집착하면 고통이 필연적으로 따르고
우비고뇌憂悲苦惱에 불타게 되느니라.

설령 얻었다 한들 얼마나 갈 것이냐.
세상 있다는 모든 것이 마침내 공空으로 돌아가느니라.

부귀영화富貴榮華를 다들 바라고 좋아하지만
바란다고 부귀영화가 얻어지는 것은 아니다.
설령 얻었다 한들 얼마나 갈 것인가.
내 차라리 그냥 버려두고 심성心性을 닦아 내일을 기약하리라.

부귀영화를 얻었을 때의 기쁨보다도 그것이 내게로부터 떠나갈 때
그 아픔은 몇 배나 더할 것이니,
부귀영화를 얻고자 애쓸 것이 아니라 흐름에 순응하리라.

아서라, 말아라, 그냥 두어라.
얻으려야 얻을 것도 없고
잃으려야 잃을 것도 없으니
자성自性이나 챙기면서
나와 더불어 살리라.

과속은 사고로 이어진다

과속을 하면 사고가 나기 십상이다.
수행에도 과속을 하면 문제가 생긴다.
똑똑하고 영리하고 많이 듣고 아는 자
앞서 달리다가 혹은 사고로 이어진다.

자신의 알음알이로 주변을 뛰어넘으려 하고
순리를 뛰어넘으려 한다.
이런 사람은 자신을 통제하고 제어함이 부족하다.
이때 좋은 도반은 지적하여 바르게 인도하게 된다.
많이 알면서 행에 옮기지 아니하면
사람이 오히려 삿됨에 빠지게 된다.
한 가지를 알아도 이를 행동에 옮길 때 진정한 내 것이 된다.
소지장이란 아는 것이 장애가 된다는 뜻이다.

혹은 어떤 이는 많이 배웠다고 우쭐대고,
혹은 어떤 이는 많이 가졌다고 뽐내고,
혹은 어떤 이는 보시행을 자랑삼고,

이러함이 모두가 스님의 부덕한 탓이라.

바로잡아 인도하지 못한 허물이 적지 않도다.

이제 우리 같이 갑시다.

너무 앞서지도 말고,

너무 높이 날지도 말고,

너무 뒤처지지도 말고,

흰 소가 끄는 큰 보배 수레를 타고 이제 우리 같이 갑시다.

바르게 곧장 간다면 열반성이 현전하리라.

내가 노력하지 않고

내가 투자하지 않고

내가 희생하지 않고

세상에서 얻어지는 것은 아무것도 없다.

내가 행한 선악의 업業이 부메랑이 되어 내게로 돌아오니

이것이 인과因果의 도리이니라.

쉽게 얻은 것은 쉽게 잃게 되느니라.

노력하지 않고 얻은 모든 것은 머지않아 서서히 멀어지리라.

중간에 생긴 것, 중간에 얻어진 것은 진정 내 것이 아니니라.

때가 되면 내게서 모두 떠나가리라.

중간에 생긴 것, 중간에 얻어진 것이 내게로부터 떠나가려고 할 때

사람들은 이것을 놓치지 않으려고 애간장을 태우고 있도다.

삼세 모든 부처님께서는 임금 자리를 헌신짝처럼 버리고 출가하여

묘법妙法을 닦아 통달하시고, 여래 십호를 얻어 사생자부四生慈父가

되셨도다.

세상 사람들은 재물과 명예를 얻기 위해
사생결단死生決斷을 하고 있도다.
한 톨의 쌀을 얻기 위해 애쓰지 마라.
만겁萬劫의 식량을 잃게 됨이라.
하루살이가 불빛을 보고 어지럽게 날아드네.

필부들은 관직을 얻기 위해 온갖 수모를 감수하고
청문장에 들어서네.
도道는 재물과 높은 지위와 짝하지 않는다.
색상色相에 집착을 여읠 때 진리가 그대 앞에 현전하리라.

묘법연화경은 대 인문학人文學이다.

사람이 사람답게 사는 법을 담고 있기 때문이다.

사람이 사람답게 사는 법이란

제법실상諸法實相을 깨달아 자성을 회복함이다.

자성을 깨닫지 못하면 진정한 삶의 의미를 알 수 없다.

묘법연화경은 인생철학人生哲學의 지침서다.

모든 고통에서 벗어나 생사 해탈케 하고 마침내 불도에 들게 하기 때문이다.

이 경을 떠나 인생철학을 논하는 것은 허구에 지나지 않는다.

만법萬法이 중도실상中道實相으로 돌아가기 때문이다.

묘법연화경은 평등대혜平等大慧요, 교보살법教菩薩法이요, 불소호념佛所護念법이다.

평등대혜란 제법실상을 깨달아 거기에서 나오는 큰 지혜이다.

곧 부처님의 지혜이다.

보살을 가르치는 법이란 보살도를 닦게 하여 불도를 이루게 하는 법이다.

보살도란 자리이타행自利利他行이다.

불소호념이란 부처님께서 깊이 간직하시는 법이며 구경의 진리이다.

묘법연화경은 제불출세본회설諸佛出世本懷說이요,

일체 중생 개성불도皆成佛道이다.

시방삼세 모든 부처님께서 세상에 출현하시는 근본이요,

묘법연화경을 믿고 따르면

일체 중생이 모두가 불도를 이루는 법이다.

묘법연화경은 대 인문학이요, 인생철학의 대 지침서다.

개성불도皆成佛道의 묘법연화경과 삼세제불과 일체 중생의 마음,

이 셋은 전혀 차별이 없는 묘법연화경이다.

묘법을 모르면 자신의 마음을 모르는 것이다.

그러므로 묘법연화경은 대 인문학이요, 인생철학의 지침서이니라.

묘법은 지식을 알리는 것이 아니라 지혜를 얻게 한다.

사람이 사람답게 사는 지혜를 증득하게 한다.

지혜를 얻은 자는 우주와 자신이 불이不二임을 안다.

이를 평등대혜라 한다.

사람이 사람답게 사는 철학이 곧 묘법연화경이요, 보살을 가르치는 법이다.

자신의 노력과 희생이 따르지 않고서는 얻어질 것은 이 세상에 아무것도 없다.

설상 얻었다 한들 금방 무너질 것이다.

묘법연화경은 곧 중도실상中道實相이다.

세상에 있다는 모든 것의 참된 모습이 중도실상이다.

자타불이自他不二요, 선악불이善惡不二요. 흑백불이黑白不二요,

대소불이大小不二요. 권실불이權實不二요.

중도실상은 옳고 그름이 성립되지 않고 너와 나의 상대적 감정이

사라졌으니 반목과 갈등이 사라졌느니라.

언설이 모두 끊어짐이요,

마음으로 분별함이 멸한 상태이다.

결요사구訣要四句

백천만억百千萬億 이승지겁阿僧祇劫 위촉루고爲囑累故
설차경공덕說此經功德 유불능진猶不能盡 이요언지以要言之
백천만억 아승지 겁에서 부촉하기 위한 까닭으로
이 경의 공덕을 설할지라도 오히려 능히 다하지 못하느니라.
요긴한 것을 말하자면,

여래일체如來一切 소유지법所有之法
여래일체如來一切 자재신력自在神力
여래일체如來一切 비요지장秘要之藏
여래일체如來一切 심심지사甚深之事
개어차경皆於此經 선시현설宣示顯說
여래 일체 가지신 법과
여래 일체 자재하신 신통력과
여래 일체 비밀 되고 요긴한 법장과
여래 일체 심히 깊은 일을 모두 이 경에서
펴 보이고 나타내어 설하셨느니라.

_「여래신력품」

150

법화경은 모든 부처님 여래의 정요이고 골수이며 요긴한 법장임을
밝히신 내용입니다.

춘야도리원서春夜宴桃李園序

夫天地者 萬物之逆旅

光陰者 百代之過客

而浮生若夢 爲歡幾何

천지우주는 만물의 여인숙이요

광음光陰은 영원한 나그네이라

뜬 삶이 꿈같거니, 기쁨이 얼마나 되겠는가.

_ 이태백李太白

이 삼계는 불난 집과 같아

생로병사와 사랑하는 사람과 이별하는 고통

가난하고 곤궁한 고통 원수끼리 만나는 고통

구함이 이루어지지 않는 고통과

근심과 슬픔과 고뇌와 오욕락과

재물과 이익을 위한 고통 등과

삼독(탐진치)의 불이 치성하니

마치 불난 집과 같으니라.

삼계의 불난 집에서 빨리 나오너라.

모든 고통에서 벗어나게 하리라.
자부의 애절한 심정이니라.

_「비유품」

눈이 있어도 보지 못할 것이요,
귀가 있어도 듣지 못할 것이며,
코가 있어도 향기를 맡지 못할 것이고,
입이 있어도 말하지 못할 것이니,
이러함이 무슨 도리인가.
실상화實相華가 하늘에서 눈송이처럼 내리네.

세존께서 '그만, 그만두어라. 다시 말하지 말지니라.'
지지불수부설止止不須復說 절언탄絶言歎을 쓰시고
문수사리의 질문에 유마거사는 입을 닫았으니,
이러함이 무슨 도리인가.
이것을 얻었다 저것을 잃었다
모두가 어젯밤 꿈속의 일이로다.

중생의 은혜

스승과 부모의 은혜

나라의 은혜

삼보의 은혜

세존께서는 사은四恩을 잊지 말라 하셨는데

묘법연화경을 여설수행 광선유포함이

곧 네 가지 은혜를 보은報恩하는 길이니라.

부처님을 머리에 이고 시방세계를 뱅뱅 돌아도

부처님의 은혜를 갚을 수 없느니라.

이 경을 받아 지님이

곧 부처님의 깊은 은혜를 갚는 길이라 하셨느니라.

이 법화경을 받아 지니고 수호하는 자는

시방제불께 공양드림이니라.

또 모든 부처님을 뵈옵는 것이 되느니라.

자신을 앞세우면 반목과 갈등이 따르고, 자기중심으로 생각하고
행동한다면 자신의 틀에 갇히게 되고 옹졸함이 따른다.
자신만이 옳고 바르다고 생각한다면 항상 섭섭함이 앞서게 된다.
아상我相에 묶이게 되어 항상 자기중심적이다.

중도실상中道實相의 도리는 너와 내가 불이不二이니,
자타불이自他不二이다.
선악불이善惡不二이다. 선과 악이 둘이 아니다.
시시비비是是非非가 끊어진다.
선행善行에 집착하지 않고 악행惡行을 멀리하고자 애쓰지 않는다.
일마다 선행善行이요, 일마다 불사佛事가 된다.
어떤 쪽에도 묶이지 않는다.
유화질직자柔和質直者가 된다.
법화경은 거대한 인문학人文學이다.
사람이 사람답게 사는 법을 가르치고 있기 때문이다.

부처님의 말씀은 진여眞如의 바다에서 나오고

중생의 말은 무명無明의 바다에서 나온다.

부처님의 말씀은 평등대혜平等大慧에서 나오고

중생의 말은 사량분별思量分別에서 나온다.

부처님의 말씀은 뜻의 말이요 문자文字가 아니며,

중생의 말은 문자文字의 말이요 뜻이 아니다.

뜻을 말하지 못하는 것은 다 허망한 것이다.

선객禪客들이여,

이러함에도 경전은 달을 가리키는 손가락이라 하고

가볍게 여기겠는가.

이런 까닭에 뜻에 의지하되 말에 의지하지 말라고 하셨느니라.

자부慈父의 혼魂이 담겨 있는 경전의 일일문문一一文文이 진불眞佛

이니라.

스님의 유튜브를 듣고 어느 보살에게서 전화가 왔다.
한 시간 이상 통화를 했다.
법화경을 많이 알고 있는 것 같았다.
재가불자로서 경전을 번역할 정도이니……

다만, 경을 아는 것만큼 증득했는지
아는 것만큼 실천행이 따르는지는 만나 봐야 알 것 같다.

아는 것보다는 증득하는 것이 더 낫고,
증득하는 것보다는 실천행이 더 낫다.
많이 알고 실천행이 따르지 않으면
오히려 사악한 사람이 될 수 있다.

많이 아는 것을 앞세워 아만심이 높아지기 때문이다.
한 가지를 알아도 행이 따를 때 향기가 되고 빛이 된다.
아는 것은 지식이요, 실천행은 지혜이다.

부모가 자식에게 잘하는 것은 당연한 일이요,

자식이 부모에게 잘하는 것은 대단한 일이 된 세상에

우리는 생활하고 있다.

평생을 자식이란 무거운 짐을 지고 왔다.

그것으로 끝나지 않고 손자의 짐까지 지려고 한다.

자신의 늙고 병들고 죽는 짐을 지고서

자식의 짐, 손자의 짐까지 지려고 한다.

그것이 부모의 마음이란 미명美名 아래

그 무거운 자식의 짐을 지고 숙명인양 한평생을 생활하고 있다.

이제 그 짐을 내려놓아야 함에도 그렇지 못함이 또한 현실이다.

저마다 가장 시급한 일이 곧 생사生死 문제이다.

이는 발등에 떨어진 불과 같다.

이 시급한 일은 해결하지 않고

내려놓아야 할 무거운 짐을 지고 있다.

그대여, 묘법을 타고 생사의 강을 건널지니라.

평생을 교직에 몸담고 있던 노교수가 스님에게 말씀하시기를,
자식들 때문에 이 나이에 신용불량자가 되었다고.
부모를 신용불량자로 내몬 당사자가 도량을 찾아
이미 고인이 된 교수의 소식을 전한다.
그동안 잊고 있었던 노교수가 생각나서 한마디 해보았다.

그대여, 부모님의 은혜를 어찌 갚으려뇨.

설산동자는 불법 반 게송을 듣기 위해 몸을 아귀에게 던지고,
약왕보살은 몸을 태워 부처님께 연신공양燃身供養하고
또 어느 때는 팔을 태워 부처님 사리舍利에 공양하였도다.

나도 천천히 몸을 태워 묘법연화경에 공양을 하고 있도다.

아불애신명我不愛身命
단석무상도但惜無上道
나는 신명을 아끼지 않고
다만 무상도를 아끼오리다.

몸은 가볍고 법은 무겁기 때문이니라.
나도 천천히 몸을 태워 묘법에 공양을 하고 있도다.
머지않아 타서 다할 것이니, 섶(薪)이 다해 불 꺼진 듯하리라.

구원실성久遠實成의 석가세존과 개성불도皆成佛道의 묘법연화경과
무명無明의 모든 중생, 이 셋은 전혀 차별이 없는 묘법연화경이
니라.

나무묘법연화경 제목을 부를 때가
일대사인연의 혈맥血脈이라 하노라.
말법 중생의 무명의 중병에는
"나무묘법연화경" 제목이 대양약이니라.
즉변복지卽便服之 병진제유病盡除愈,
곧 가져다 먹으니 병은 다 나았느니라.
출가사문이 묘법연화경을 등지고 배반하면
시방세계 머리 둘 곳이 없으리라.
성불의 혈맥이 끊어지느니라.
이 경은 중생 성불의 혈맥이니라.

무상게 無常偈

제행개무상諸行皆無常 개시생멸법皆是生滅法

생멸개멸이生滅皆滅已 적멸시위락寂滅是爲樂

모든 행이 다 항상함이 없으니

이러함이 다 나고 멸하는 법이라.

생멸법을 다 멸해버리면 적멸의 낙이니라.

_『열반경』

소승小乘은 생사를 싫어하고 열반을 얻는 데 집착하고 묶였도다.

대승大乘은 열반涅槃에 머물지 않는다.

열반涅槃에 머물면 보살이 아니니라.

생사즉열반生死卽涅槃이니라.

세존世尊께서 열반의 모습을 보이시나

진실한 열반이 아니니라.

중생을 제도하기 위한 방편으로 열반의 모습을 보이느니라.

차경난지 此経難持

모든 선남자여,

내가 멸도한 뒤에 누가 능히 이 경을 받아 지니고 읽고 외우겠느냐.

지금 부처님 앞에서 스스로 맹세의 말을 할지니라.

이 경은 지니기 어려우니 만약 잠깐이라도 지닌다면 내가 곧 환희하며 모든 부처님도 또한 그러함이니,

이와 같은 사람은 모든 부처님께서 칭찬하시는 바이며, 이것이 곧 용맹이며, 이것이 곧 정진이며, 이를 이름하여 지계持戒라 하며, 두타頭陀를 행하는 자이니 곧 위없는 불도를 빨리 얻게 되느니라.

능히 오는 세상에서 이 경을 읽고 지니면 이는 진실한 불자이니 거룩한 땅에 머무르며, 부처님 멸도하신 뒤에 능히 그 뜻을 해설하면 이는 모든 하늘과 사람과 세간의 눈이 되며, 무섭고 두려운 세상에서 능히 잠깐이라도 설하면 일체 하늘과 사람이 모두 응당 공양하리라.

_「견보탑품」

청각 장애를 가진 어떤 발레리나에게 기자가 묻기를
신체적 장애를 갖고도 어떻게 유명한 발레리나가 되었습니까?
그가 말하기를,
신체적 장애보다 더 큰 장애는 세상을 부정적으로 보는 일입니다.

이러한 내용이 경전에서 나오는데,
쇠붙이는 녹에 의해서 망가지고,
사람은 부정적 감정에 의해서 망가진다.
사람이 긍정적인 생각을 가지면 모든 일이 긍정적으로 진행되고,
부정적인 생각을 가지면 모든 일이 부정적으로 꼬여가는 것이다.
평등심平等心이 곧 도道이니라.

마음의 때(垢)가 곧 불성佛性이니라.

파도가 본래 바다에서 일어났듯이

번뇌煩惱가 마음의 바다에서 일어나 파도이니라.

파도는 애쓰지 않아도 바다가 됨이라,

이러함을 번뇌즉보리煩惱卽菩提이니라.

생주이멸生住異滅하는 그 마음이 곧 실상實相이라.

실상實相이란 무상無相이라 색상色相이 아니요,

무상불상無相不相 불상무상不相無相이라

이를 명위실상名爲實相이라 하느니라.

마음이 곧 실상이요, 자성불自性佛이니

그대 가운데 자성불이 항상함이니라.

중도실상中道實相의 이치를 확연히 드러냄이 곧 십여시十如是요, 사불지견四佛知見이다.

만법萬法이 실상實相으로 드는 문門이다.

일체유상안대절一切有相眼對絶

일체 있다는 상이 눈으로 보는 대상이 끊어졌도다.

이문성대절耳聞聲對絶

귀(耳)로 들음이 끊어졌으며,

심행처멸心行處滅

마음으로 헤아림이 멸한 것이니라.

이실상무상비색상而實相無相非色相

이에 실상은 형상이 없으며 형색과 모습이 아니다.

색향미비상色香味非相

모습도 향기도 맛도 형상이 아니다.

모양 없는 모양으로 모양 있는 몸이다.

약견제상비상若見諸相非相 즉견여래卽見如來

만약 모든 상이 모습 없음을 보면 곧 여래를 보느니라.

중도中道는 이것과 저것의 중간이 아니다.

이것과 저것을 모두 수용하되 한쪽으로 치우치지 않음이

중도中道의 사상이다.

중도中道와 실상實相은 같은 뜻을 의미한다.

부처를 찾지 마라.

그대가 찾고자 할 때 부처는 항상 거기에 있느니라.

부처는 형상 없는 형상으로 항상 거기에 있느니라.

다만 형상 있는 모습으로 부처를 보려 하기에 보지 못하느니라.

파도가 물을 떠나 있을 수 없듯이

부처는 그대를 떠나 별도로 없느니라.

때로는 허공이 되고

때로는 바람이 되고

때로는 향기가 되고

항상 그대와 함께하느니라.

행복은 인격人格이다.

인격은 교양과 덕목이며 자신을 제어할 줄 아는 사람이다.

이런 사람은 항상 행복하다.

행복은 과거의 일도 아니고 미래의 일도 아니다.

행복은 현재 지금 여기에 있다.

행복은 인격이다.

인격을 갖춘 사람은 지금 여기에서 행복할 줄 안다.

사람들은 구하고 늘리고 얻어서 행복할 줄 안다.

그러나 거기에는 행복이 없다.

허공에 칠보를 가득 채워 준다 해도

만족할 줄 모르기 때문이다.

사람들은 저마다 사람의 무게가 있다.

자신의 무게를 감지하고 생활하는 사람이 얼마나 될까.

연륜의 무게, 선업의 무게, 양심의 무게, 능력의 무게, 지혜와 공덕의 무게 등 저마다 사람의 무게가 있다.

그러나 사람들은 자신의 무게를 알려고도 하지 않기 때문에 관심도 없다.

자신을 살펴보고 생활함이 곧 자신의 무게를 감지함이 된다.

항상 자신을 살펴보고 자신을 바로 알자.

자신을 모르면서 다른 일을 어떻게 알겠느냐.

사람들은 나이 일흔이 넘어서야 자신의 무게를 느낀다고 한다.

자신이 살아온 살림살이를 되돌아본다는 것이다.

세상살이가 곧 세상 파도라,
세상 파도를 피하려고 애쓰지 마라.
삶 자체이고 에너지이니라.
일어난 파도는 때가 되면 곧 사라진다.
그냥 보고 있어라.

세상 파도는 지나가는 바람이니라.
세찬 바람일수록 빨리 지나간다.
세상 파도와 싸우지 말고 그냥 보는 자로 남아 있어라.

애탐愛貪이 존재하는 곳에는 세상 파도가 일어나기 마련이니라.
애탐을 놓아버리면 세상 파도는 사라지게 되느니라.

어느 수행자가 붓다를 찾아가 말하기를,

"성자시여, 진리는 말길이 끊어진 것이라 하는데, 붓다께서는 말을 사용하지 않고 진리를 드러내 주십시오."

붓다께서 말씀하시기를,

"지당한 말이다. 그대가 말을 사용하지 않고 질문하면 나도 말을 사용하지 않고 대답하리라."

혜성이는 젊을 때 이러한 도리를 체험했으니,

세존께서 혜성이가 머문 도량에 납시었다.

"세존이시여, 실상이란 어떤 법입니까?"

세존께서는 입을 다무셨다.

"세존이시여, 실상이란 어떤 법이냐고 묻지를 않습니까?"

세존께서는 허공으로 모습을 감추셨다.

이러함이 말길이 끊어진 위없는 진리이니라.

행복은 인격이다.

인격자는 순리에 따른다.

차면 넘치고, 높은 데 있으면 떨어지기 쉽다.

이러함이 인생의 순리다.

순리에 따르면 행복하고 순리를 거스르면 불행해진다.

행복은 인격이다.

인격자는 자성을 깨달은 자이다.

자신의 근본을 깨달은 자는 어디든지 언제든지 행복할 줄 안다.

자신의 참모습(實相)은 모든 것에서 초월하고 있다.

그러므로 행복이 같이한다.

어느 어린이가 묻기를,

하나님이 이 우주를 창조했다고 하는데

그러면 하나님은 누가 만들었나요.

하나님은 저마다 마음이 만들었어요.

마음은 누가 만들었나요.

마음은 누가 만든 것이 아니라 본래부터 있으며

불가사의 신통력으로 세상 온갖 것을 창조해 내는 창조주이니라.

이를 붓다께서는 일체를 오직 마음이 만든 것이라 하셨다네.

일체유심조一切唯心造이니라.

어느 수행자가 말하기를,
나는 왜 부처님을 못 보는 것일까요.
부처는 항상 그대와 같이하고 있는데
그대가 눈을 감아서 못 볼 뿐이다.

몸을 받아 지금에 이르도록 눈을 감고 살았으니,
눈을 감고 생활함이 너무나도 익숙해져 있다.
진리를 보는 눈이 있다는 것을
지금까지 망각하고 생활하고 있느니라.

부처님을 눈으로 보려 하거나
귀로 들으려 한다면
결코 뜻을 이루지 못할 것이니라.

죽음은 육신으로부터 영혼이 해방하는 것이라
소크라테스가 주장하였고,
육신은 나를 가두는 감옥이라 하였다.

육신이 나를 가두는 것이 아니라,
내 생각이 나를 가두게 된다.

우리들의 마음은 본래부터 어디에 가두어질 수 없고
묶일 수 없고 무너지고 파괴될 수 없다.
그물로 바람을 가둘 수 없듯이……
육신을 잘 가꾸면 공덕의 보리수이니라.

법화경은 시방제불十方諸佛를
잉태하고 출생케 하는 성태聖胎이며,
본화적화本化迹化 모든 보살이
여기에서 길러지고 성장하는 요람搖籃이 되는 것이다.

중생에게 모두 불성佛性이 있음을 모르고 중생을 부정한다면
이는 참 부처를 부정함이 된다.

진실한 부처님의 체성體性은 어디에 있는가.
바로 중생 가운데 있느니라.
번뇌가 죽 끓듯 하는 중생을 제쳐놓고 성불할 자
아무도 없느니라.

과거생에 일월등명 부처님께서는 출가하시기 전에 슬하에 여덟 왕자를 두셨는데, 아버지가 출가하여 불도를 이루시니 모두 따라 출가하여 아버지로부터 묘법연화경을 듣고 수행하여 모두 불도를 이루시니, 마지막 성불하신 분이 연등부처님이시고, 또 과거생에 대통지승 부처님께서는 출가하시기 전에 슬하에 열여섯 왕자를 두셨는데, 아버지가 출가하여 성도하심을 듣고 모두 따라 출가하여 아버지로부터 묘법연화경을 듣고는 수행하여 불도를 이루시니, 그 마지막 왕자가 오늘날 석가세존이시다.

이렇게 모든 부처님께서 한결같이 묘법을 받아 지녀 수행하시고 불도를 이루셨으니, 묘법을 수행하고 있는 나라고 해서 성불 못함이 있겠는가.
부처님도 사람이셨고 나도 사람인 이상, 부처님께서 깨친 묘법을 나라고 해서 못 깨칠 리가 있겠는가.

이러한 생각이 묘법연화경을 용맹정진 수행하는 불씨가 되었으며, 채찍질이 되었도다.
불교는 사람이 중심 되는 가르침이요,
거대한 인문학人文學이요,
사람이 사람답게 사는 법을 가르치고 있다.

심생대환희心生大歡喜
자지당작불自知當作佛
크게 환희하는 마음을 내어
스스로 마땅히 부처됨을 알지니라.

부처님 말씀이 이러한대도
사람들은 스스로 부처님을 알지 못하도다.

부처님께서 약왕에게 이르시되,
또 여래가 멸도한 뒤에 만약 어떤 사람이 묘법연화경의 한 게송이
나 한 구절을 듣고 한 생각으로 따라서 기뻐함에 이르는 자에게 내
가 또 아뇩다라삼먁삼보리의 수기를 주리라.

_「법사품」

범부凡夫는 경계境界를 취하고,

성인聖人은 마음을 취한다.

범부는 끝없이 채우려 하고,

성인은 허공법신虛空法身에 안주한다.

범부는 육신의 시종이 되고,

성인은 육신을 법기法器로 삼는다.

범부는 생사의 바퀴돌이에 빠져 있고,

성인은 생사의 강을 건넜도다.

사량 분별심을 방하착하라.

불이不二 법문에 대하여 문수사리보살은

일체어언도단一切語言道斷이요, 심행처멸心行處滅이라 하셨고,

이에 유마거사는 입을 다무셨느니라.

선악불이善惡不二 내외불이內外不二

생사불이生死不二 가부불이可不不二

모든 허물은 분별심에서 시작되느니라.

사문의 귀에 정치 이야기는 허공의 메아리와 같으니라.

옳고 그름이 사라지니 오늘 날씨가 쾌청하구나.

여래는

눈으로 보려 하나 볼 수 없고
볼 수 없다고 해서 없는 것이 아니고
귀로 들으려 하나 들을 수 없고
들을 수 없다고 해서 없는 것이 아니다.

내가 미쳤어.
여래는 나를 떠나지 않았건마는 나는 몰랐던 것이니,
바깥에 마음을 팔았기 때문이었다.

잡으려 해도 실로 없고
잡히지 않는다고 없는 것이 아니라
항상 나와 같이하고 있었네.

낙원이란 바로 지금 여기에서 자기 자신을 즐길 수 있는 능력이다.

낙원은 지리적인 문제가 아니다.

내면의 공간空間의 문제이다.

범부凡夫는 날마다 채우려고 하고

성인聖人은 날마다 비우려고 한다.

지옥地獄으로 가는 길은 선의로 포장되어 있다.

_ 서양 격언

어린아이와 같은 자만이 하느님 나라에 갈 수 있다.

묘법妙法은 어떤 형상을 뛰어넘고 있고 언어를 넘고 있다.

구경의 진리는 형상과 말이 끊어진 것이다.

아는 자는 말하지 아니하고, 말하는 자는 알지 못한다.

보되 보는 바가 없고, 듣되 듣는 바가 없다.

여래를 본다 함은 곧 자기의 성품을 본다는 말이니,

자신의 성품이 곧 여래라는 말씀이다.

그래서 여래불리심如來不離心, 여래는 마음을 떠나지 않는다.

마음은 정定한 것이 아니기에

때로는 산도 되고 물도 되고

또 큰 것도 되고 작은 것도 되고

때로는 부처도 되고 중생도 되는 것이다.

마음이 걸림이 없고 부딪힘이 없음이 청정심이요

무애심無礙心이라 함이니라.

그물로 바람을 가둘 수 없고

바람이 허공에 걸림이 없느니라.

이러함이 중도실상中道實相인 묘법연화경이니라.

진서스님이 머물고 수행하는 도량 주지스님은
양말과 신발을 꿰매어 신고 생활하며 계신다고 합니다.
불자가 수천 명이나 되는 큰 도량을 운영하는
스님은 검소한 생활을 하고 있답니다.

진서스님도 마트에 갔다가 5천 원짜리 망고가 눈에 들어
망고를 들었다 놓았다 하다가
본래 자리에 놓고 왔다는 이야기입니다.
이러함이 수행자의 본분입니다.

부자는 얼마를 가졌는가가 아니라
만족함을 갖는 데 있습니다.
복은 검소儉素함에서 생기고
덕은 겸양謙讓에서 생긴다고 합니다.

코로나 바이러스로 인하여 20여 년간 진행되어 오던 일요법회가 중단되고 보니 마음이 무겁다.

일요법회가 그동안 혜성 사문의 자존심이었고, 버팀목이었고, 건강을 유지하는 바탕이었음을 느낀다.

부산 노보살께서 소식을 전하시기를 노인당도 못 가고 외출도 못하고, 집안에 갇혀 법화경 독경하고, 『내가 저절로 성불해옴이』를 읽는 것이 일과가 되었다고 하셨다.

어느 영화 주제가가 생각난다.
이 전쟁이 끝나고 평화가 오면 내 그대 찾으리.
코로나 전쟁이 끝나고 안정이 오면 우리 다시 만나리.

법화경 수행으로써 이 난관을 잘 버티자는 무상심 보살님 말씀이 고맙기 그지없네요.

원효대사 『법화경종요』 서에서 밝히시기를,
짧은 것으로 긴 것을 나투시고,
긴 것이 나타나자 긴 것마저 버리셨네.

짧은 것은 화신이요, 긴 것은 보신·법신이라,
화신과 보신·법신이 불이不二로다.
이러함이 중도실상中道實相이니
생사가 곧 열반이요, 번뇌가 곧 보리로다.

어떤 종교단체가 종말론을 앞세워 영생永生을 주장한다면 이는 삿
된 종교의 교과서 같은 것이라.
선善이든 악惡이든 집착하여 치우치면 이것이 곧 병이로다.
오탁악세에는 삿된 종교가 판치는 때이니라.

아만심我慢心은 성공의 탑을 무너지게 하는 단초가 된다.
작은 성공에 안주하여 오만傲慢을 부린다면 머지않아
성공의 탑은 무너질 것이다.

부처님께서는 일체 사람을 보되 부처님과 같이 보고
모든 중생을 부모와 같이 생각하라 하셨다.

평등대혜平等大慧의 실상법 앞에서
누가 못나고 누가 잘났겠는가.
중생이 깨달으면 곧 부처요,
부처가 미혹하면 곧 중생이니라.

미혹한 중생을 떠나 부처될 자 아무도 없느니라.

어떤 사람이 입을 열 때마다
자신이 몸담은 당의 표가 추풍낙엽처럼 떨어지네.
왜냐하면 사리에 맞지 않는 말을 하기 때문이다.
소승小乘의 좁은 소견은 대승大乘의 넓고 깊고
높은 도리를 알지 못함이니라.

정치지도政治之道 재명명덕在明明德
정치의 도리는 맑은 덕을 밝히는 데 있고

재친민在親民
국민을 부모와 같이 하고

재신민在新民
국민을 새롭게 한다.

재지어지선在止於至善
지극한 선善에 이르러 머무는 데 있다.

_『대학』 참고

중도실상中道實相

세간의 모든 일들은 어느 한쪽으로 치우쳐 있다.
치우쳐 있는 곳에는 갈등과 반목이 따르기 마련이다.
중도실상中道實相은 선善이든 악惡이든
모두 융섭하고 포용한다.
어느 한쪽으로 치우침이 없다.

바닷물이 온갖 물을 수용하듯이
중도실상은 세상에 있다는 온갖 만법萬法을 수용 못함이 없다.
옳고 그름의 시시비비를 초월하고 있다.
중도실상은 구경의 진리이며,
중생이 이런 도리를 깨닫고 증득하여 불도佛道에 들게 됨이
곧 구경지究竟地이다.

차라리 나가 죽어라

스님, 오래 사셔야 합니다.
스님, 100세 장수하십시오.
오래 살아야 한다는 말을 듣는다는 것은 스님이 늙었다는 증거
이다.

수행에 이 몸이 걸림 되고 또 남에게 성가심이 되고
부담을 준다면 빨리 이 몸을 버려야 한다.
사람이란 얼마나 사느냐가 아니고 어떻게 살았느냐가 중요하다.
이러함이 스님의 지론이다.

이 경을 받아 지닌 자,
늙지도 않고 죽지도 않느니라.
또 내가 진실로는 멸도하지 않건마는
문득 멸도를 취한다고 말하느니라.

이러한 세손의 금언金言으로 생사 문제를 해결하지 못했다면
밥 축내지 말고 차라리 나가 죽어라.

내 자신에게 채찍질한다.

이 몸으로 건강하게 묘법수행 하다가, 금생에 인연이 다하면
섶이 다하여 불 꺼진 듯 하여지이다.

위도중생고爲度衆生故 방편현열반方便現涅槃
중생을 제도하기 위하는 고로
방편으로 열반을 나타내었으나,

이실불멸도而實佛滅度 상주차설법常住此說法
이는 진실한 멸도가 아니고
항상 여기에 머물며 설법하느니라.

_「여래수량품」

조주趙州스님은 깨닫고는,
나는 미쳤다.
나는 이미 내 안에 있는 것을 찾고 있었던 것이다.
보는 자와 보이는 자가 하나이다.
어떤 눈이 필요치가 않다.

이에 혜성이는 항상 이렇게 주장해 왔다.

불성佛性을 회복하라.

자기의 부처를 회복하라.

자성을 회복하라.

회복하라 함은 이미 있는 것을 드러내라는 뜻이다.

이런 뜻이 자아득불래自我得佛來이니

내가 저절로 성불해 옴이다.

본래 부처를 회복하라.

이미 그대 가운데 있느니라.

본래 면목을 드러내라.

어떤 선객은 노래하기를,

봄을 찾아 짚신이 다 닳도록

온 산야를 헤맸건마는 찾다 찾지 못하고

집에 돌아와 뜰 앞의 매화 가지를 휘어잡아 보니

봄은 거기에 무르녹았네.

※ 봄은 자성이요, 매화 가지는 자신의 몸과 마음이다.

친애親愛하는 국민 여러분,

권력기관에 몸담고 있는 분들이 흔히 잘 쓰는 말씀이다.

친애라는 말씀의 뜻을 아는지 모르는지,

안다 해도 실천행이 없으면 모르는 것과 같다.

친親은 부모를 의미한다.

또 부모와 같은 분을 의미한다.

애愛는 동생이나 자식과 같이 생각한다는 뜻이다.

'친애하는'이란 대상은 연세 든 분을 부모와 같이 존경하고,

젊은 사람이라면 동생이나 자식과 같이 사랑한다는 뜻이다.

권력 가진 사람이 과연 이러한 마음가짐을 가지고 권좌에 앉아 있는지 묻고 싶다.

'사서삼경'인 『대학』에서도 재친민在親民이라고 밝히고 있다.

국민을 부모와 같이 모시라는 뜻이다.

민주국가는 국민이 주인이다.

권좌에 오른 사람이 국민을 주인으로 받들고 모시겠다는 뜻이 '친애하는 국민 여러분'이다.

국민 위에 군림하면 이는 민주국가가 아니다.

국민을 주인으로 친애하지 않으면 국민으로부터 지탄을 받게 되고 인정받지 못할 것이다.

부처님께서는 중생을 보기를 부처님과 같이 보고, 사람을 보기를 부모와 같이 보라 하셨다.

민주국가의 기본은 국민이 주인이다.
국민에 의해 정부가 구성되고 국민을 위해 국민을 위한 정치가 민주국가의 근본이다.

육신의 심부름꾼이 되어 이것을 얻었다 저것을 잃었다 하여 곳곳에 집착함은 아교가 풀잎에 붙음과 같음이라.

모두 다 내려놓아라.
내려놓았다는 생각마저도 내려놓아라.
그때야 비로소 공중에 바람처럼 걸림이 없으리라.
선악善惡이 불이不二요,
권실權實이 불이不二요,
사바娑婆가 곧 적광寂光이다.
이러함이 곧 중도中道에 드는 문이니라.
중도실상中道實相은 곧 적광寂滅이요,
부처님의 몸이니라.

대승인실상大乘因實相 실상대승과實相大乘果
대승의 인은 실상이요, 실상은 대승의 결과이다.

만법萬法이 있다 해도 모두가 대승에 드는 문이다.

만법귀일萬法歸一
만 가지 법이 일불승一佛乘을 위함이다.

아차구부법我此九部法 수순중생설隨順衆生設
입대승위본入大乘爲本 이고설시경以故設是經
나의 이 구부경을 설함은 중생의 성질에 수순함이며
대승에 드는 것을 근본 삼음이니, 이런 까닭으로 이 경을 설하노라.
_『법화경』「방편품」

법화경法華經의 본문은 시방삼세제불十方三世諸佛의 인행과덕因行果
德의 공덕취功德聚이니라.
팔만 사천의 법문이 대승으로 드는 문이로다.

약인욕료지若人欲了知 삼세일체불三世一切佛

응관법계성應觀法界性 일체유심조一切唯心造

만약 사람이 삼세 일체 부처님을 알고자 한다면

응당 법계의 성품을 관하라. 일체를 오직 마음이 지은 것이니라.

_『화엄경』

설산인욕조雪山忍辱草

우음제호즉牛飮醍醐得

원교불방편圓敎不方便

불성즉회복佛性卽回復

설산에 인욕초를 소가 먹으면 제호를 얻고

법화경 가르침은 방편을 거치지 않고 불성을 곧 회복하느니라.

유일불승唯一佛乘 법화경으로 불지견佛知見에 들게 되느니라.

생사 문제(생사 해결)

1. 분단생사分段生死
2. 변역생사變易生死
3. 본유생사本有生死
4. 무유생사無有生死

먼저, 분단생사는 범부의 육도 윤회의 생사이다.

자신이 지은 업에 의하여 여섯 갈래 길을 윤회하면서 나고 죽는 것을 분단생사라 한다.

지옥·아귀·축생·아수라·인간·천상 등 여섯 갈래 세계를 육계 또는 육도라 한다.

지은 업이 무거우면 지옥·아귀·축생의 삼악도에 떨어지고, 아수라까지 4악도라 하고, 선업을 지으면 인간계·천상계에 몸을 받게 된다.

여섯 갈래 길을 끝없이 생사의 거듭함을 육도 윤회라 하고, 분단생사라 하고, 범부의 생사 바퀴돌이라 한다.

두 번째, 변역생사는 분단생사와 달리 보살도를 닦아 중생을 제도하기 위하여 온갖 몸을 받는 것을 말한다.

몸을 변화시켜 무한한 몸을 바꾸어 받으면서 묘용妙用이 한량없어 변역생사라 하니, 자비원력의 뜻으로 몸을 받아 중생을 제도하기 위하여 원을 세워 원에 따라 몸을 받음을 변역생사라 한다.

변역생사를 다른 말로 수의수생隨意受生이라 하니, 자신이 원을 세워 그 원대로 몸을 받음이 자유자재함을 뜻한다.

법화행자는 나고자 함에 자재하다고 하니, 이러함이 수의수생이라 한다.

지옥 중생을 제도하기 위해서 지옥에 몸을 나투고, 축생을 제도하기 위해서 축생으로 몸을 받고, 보살을 제도하기 위해서 보살의 몸을 받기도 하고, 부처님 몸으로써 제도할 자를 위해서는 부처님 몸을 나투기도 한다.

분단생사는 자신이 지은 업에 의해서 여섯 갈래 몸을 받으나, 변역생사는 자신이 지은 공덕과 세운 원에 의해서 몸을 받음이 자재한 것이다.

세 번째, 본유생사란 생사가 금생에 처음으로 비롯된 것이 아니라 무량겁 전부터 이어져 오고 있는 것이라, 본래부터 있었던 생사를 본유생사라 한다.

그동안 받은 몸의 뼈를 모으면 수미산을 이루고, 피를 모으면 대해를 이룬다고 한다.

생사가 금생에 처음으로 비롯된 것이 아니라 한량없는 겁 전부터 이어져 왔고 앞으로도 이어질 것이다.

본유생사는 색법色法이니, 곧 육신의 일이다. 육안으로 보는 대상은 생멸이 있기 마련이다.

네 번째, 무유생사란 생사가 있을 수 없다는 말씀이다.

무유생사는 심법心法이다. 어떤 형상 있는 것이 아니기에 생사가 있을 수 없다. 형상이 없는 것이 곧 저마다의 자성이다. 저마다 자성은 생사가 처음부터 미래 겁이 다하도록 생사가 있을 수 없다.

이런 도리가 극대승인 법화경의 핵심 진리이다.

본유생사(色法)와 무유생사(心法)가 불이不二이다. 색심불이色心不二이기 때문이다. 죽는 가운데 안 죽는 도리가 있고, 안 죽는 가운데 죽는 도리가 있는 것이다.

그동안 한량없는 몸을 받아왔으나 자성自性은 생사와 상관없이 상재하고 있는 것이다.

본유생사本有生死는 육신의 사연이고, 무유생사無有生死는 육신을 운용하는 우리의 성품의 사연이다.

이 성품을 진여법성眞如法性이라고도 하고, 법신불法身佛이라고도 하고, 중도실상中道實相이라고도 한다.

생사가 있을 수 없는 자성을 깨달아 증득함이 시급한 일이다.

생사 문제는 금생에 반드시 해결해야 할 절박한 문제다.

본유생사와 무유생사가 자신의 몸과 마음의 사연이다.

본유생사는 자신의 육신의 사연이고, 무유생사는 자신의 마음의 사연이다.

우리의 성품인 자성은 아예 생사가 있을 수 없다는 것을 깨닫고 증득해야 한다.

육신의 생사에 집착하여 생사에 묶이고 있음은 범부의 일이요,
육신이 천만번 죽어도 죽지 않는 도리를 깨달아 증득함은 보살들
의 살림살이다.

심법心法으로 볼 때 생사가 본래부터 없었으나 육신의 생사에 묶이
고 말았던 것이다.

무유생사의 도리를 깨달아 윤회의 닻줄을 끊고 자신의 뜻에 따라
몸을 받음이 자재함을 수의수생隨意受生이라 하니, 법화행자가 받
는 몸이다.

사람은 불완전한 상태이다.

불완전한 상태에서 완전한 상태를 회복함을 곧 불도를 이루었다고
한다.

흠하나 없는 깨달음, 완전무결한 깨달음, 위없는 깨달음,

이를 무상정등각無上正等覺이라 한다

우리가 불완전한 상태에서 완전한 상태로 돌아가고자 함은 곧 묘
법妙法을 수행修行함에 의해 가능한 일이다.

완전한 상태를 회복케 함이 곧 불교佛敎의 구경지究竟地이다.

경계境界에 마음을 팔지 마라.

완전한 자성을 회복함에 걸림돌이 되리라.

법화경은 '성불의 혈맥血脈'

중생 성불의 혈맥血脈이 바로 묘법연화경이라. 영산회상에서 세존께서 중생 성불의 혈맥인 묘법연화경을 설하시니, 그 혈맥이 오늘날 법화행자에게 흐르게 됨이라.

이 법화경 받아 지닌 자 나의 진실한 아들이라고 선언하셨으니, 부처님의 혈맥이 오늘날 법화행자에게 이어짐이니라.
법화경을 받아 지니고 수행하는 자는 마땅히 알지니, 석가모니 부처님을 뵈온 자이며 부처님으로부터 이 경전을 듣는 자이니라.

마땅히 알지니, 이 사람은 부처님께서 착하다고 칭찬함이며,
마땅히 알지니, 이 사람은 석가모니 부처님께서 손으로 그의 머리를 어루만져 주심이며,
마땅히 알지니, 이 사람은 석가모니 부처님께서 옷으로 덮어 주시는 바이니라.

법화행자는 석가모니 부처님과 항상 같이함을 밝히셨으니, 부처님의 진실한 법자法子이니라.

따라서 부처님의 전통 혈맥이 오늘날 법화행자에게 흐르고 있음이 니라.

이러하니 어찌 성불 못함이 있겠느냐.

부처님의 아들이 부처됨은 명명백백한 일이로다.

자부께서 이 경을 받아 지닌 자 성불 못함이 하나도 없다고 선언하셨노라.

색심불이 色心不二

세상에 있다는 모든 것은 한결같이 무상無常하다.
이름 모를 들꽃처럼 이 육신은 때가 되면 사라질 것이다.
금생에 이 육신으로 인하여 묘법을 받아 지녀
수행하는 공덕을 짓게 되었으니 여의보주를 얻음이로다.

때가 되면 섶이 다하여 불 꺼진 듯하겠지만
진여의 법성法性은 항상하고 있나니,
그 무엇에도 속박 당하지 않고 번뇌에 물들지 않고
생사에 묶이지 않나니
이를 청정법신이라 하고, 여여如如라 하고, 실상實相이라 하느니라.

모습 없는 모습으로 모습 있는 모습이라,
이를 색심불이色心不二라 하느니라.

삼십이상三十二相으로 부처를 구하려 할진대
전륜성왕도 삼십이상을 갖추었으니 어찌하랴.
색성色聲으로 부처를 보려 한다면 이는 사도邪道를 행함이니
결코 부처를 보지 못할 것이니라.
방거사는 이를 마구니 짓이라 했느니라.

금강경에서 모습으로 부처를 보려 하거나 음성으로 부처를 구하려
한다면 이 사람은 사도를 행함이니, 결코 부처를 보지 못할 것이라
설하셨노라.
모습 없는 모습을 볼 수 있고, 소리 없는 소리를 들을 수 있을 때 부
처가 현전하리라.

이일체 법以一切法 개종심기皆從心起
일체 법이 모두 마음으로부터 일어난다.

심생즉종종법 생心生則種種法生 심멸즉종종법멸心滅則種種法滅
마음이 일어나면 가지가지 법이 생기고,
마음이 멸하면 가지가지 법이 멸한다.

제법실상諸法實相이란 곧 우리들 마음의 참모습이다.
우리의 마음이 곧 제법諸法이요,
그 마음이 곧 실상이다.
실상이란 모습 없는 모습이면서 가지가지 법이 일어나는 것이다.
따라서 마음은 어떤 형상이 있는 것이 아니지만 가지가지 법을 도
출하고 있다.
저마다 자신의 마음의 참모습을 깨달아 증득하면 불도를 이루게
된다.
그런 마음의 참모습(實相)은 어떤 모습일까.
한마디로 적멸寂滅이다.
이를 진여법성眞如法性, 여여如如, 혹은 여래如來라 한다.

만법萬法이 있다 해도 실상에서 비롯되고 또한 실상으로 돌아간다.

만 가지 법이 마음에서 비롯되니, 마음의 참모습을 제법실상諸法實相이라 이름하느니라.

제법종본래諸法從本來
상자적멸상常自寂滅相
모든 법이 본래부터 스스로 항상 적멸상이라

마음이 본래부터 스스로 항상 적멸상임을 밝히신 게송이니,
곧 제법실상을 노래하신 것이니라.
불자가 이런 법을 닦으면 불도 이룸이 결정코 의심이 없느니라.

내지차약乃知此藥 색향미미色香美味

즉취복지卽取服之 독병개유毒病皆愈

이 약의 빛과 향기와 맛이 좋음을 알고

곧 가져다 먹으니 독한 병이 모두 나았느니라.

_『법화경』「여래수량품」

중생이 독한 병만 나으면 여여한 부처라.

법화경은 중생의 독한 병을 치유하는 대양약이라 먹기만 하면 반
드시 독한 병이 나으련만, 그러나 이 양약을 좋지 않다고 생각하고
먹지 않으니 어찌하랴.

자신이 아픈데 남이 약을 먹어줄 수 없듯이, 자신을 제도할 사람은
오직 자신뿐이다.

묘법의 양약을 먹고 안 먹고는 저마다 자신의 몫이니라.

방편 없는 엄부嚴父는 자식을 경직硬直 속에 빠뜨리고
지혜 없는 자모慈母는 자식을 나약하게 한다.

고집불통 무지한 아내는 남편을 곤경 속에 빠지게 하지만
혹 때로는 성인聖人이 되게도 한다.

지혜 있고 어진 아내는 남편을 명예와 이익을 얻게 하지만
혹 때로는 틀 속에 가두기도 한다.
그러나 이것저것 다 놓아버리면 허공의 바람과 같아
걸림이 없으리라.

불일佛日은 서산에 지고 부처님의 가르치심만 남았도다.
오오백년이 지나 오탁악세가 도래되었으니
법을 받아 지니고 증득하는 자가 없는 시기로다.

미혹하고 무명無明이 치성한 사람들이 몸을 받아
온갖 고통을 갖추어 받는 시대라
대승을 믿고 따르는 자가 없으니 소위 오탁악세라 함이라.

오탁악세에 몸을 받는 중생들은 중병환자와 같으니라.
중병환자에게 가벼운 약으로는 효과가 없음이라.
묘법의 대양약이 아니면 중생의 중병을 치료할 수 없느니라.
이 약을 먹되 차도가 나지 않을까 걱정하지 말라.
독한 병은 반드시 나으리라.
자부의 금언이니라.

이 대승경전은 모든 부처님의 보배 창고(寶藏)이며,

시방삼세 모든 부처님의 안목眼目이며,

삼세의 모든 여래께서 출생하시는 종자이니,

이 경을 지니는 자는 곧 부처님의 몸을 지님이며,

곧 부처님의 일(佛事)을 행함이니라.

마땅히 알지니라.

이 사람은 곧 바로 모든 부처님께서 심부름시키신 바이며

모든 부처님 세존의 옷으로 덮은 바이며,

모든 부처님 여래의 진실한 법의 아들이니라.

너는 대승을 행하여 법의 종자가 끊어지지 않게 하며

너는 지금 동방의 모든 부처님을 살펴 관觀할지니라.

_『불설관보현보살행법경』

극대승인 법화경은 시방삼세 모든 부처님께서 출생하는 종자라 합니다.

법보화 삼신불께서 이 경에서 출생하시고, 또 모든 중생이 이 경으로 불도를 이루게 됩니다.

늙지도 않고 죽지도 않느니라

수왕화여,

너는 마땅히 신통력으로 이 경을 수호守護할지니라.

왜냐하면 이 경은 곧 염부제 사람의 병에 좋은 약이 되느니라.

만약 사람이 병이 있어 이 경을 얻어 들으면 병이 곧 소멸하여 늙지
도 않고 죽지도 않느니라.

_「약왕보살본사품」

생자필멸이요, 무상전변無常轉變이라 한다.

몸을 받았다면 늙고 병들고 죽음이 따르게 된다.

눈으로 보는 대상은 모든 것이 항상함이 없고

끝없이 변하고 있다.

이러함이 인생살이라고 한다.

생로병사를 거듭하고 있는 것은 이 육신의 일이다.

육신을 받았다면 늙고 병들고 마침내 죽게 된다.

이러함을 생멸법生滅法이라 하고 색법色法이라 한다.

만약 어떤 사람이 이 법화경을 얻어 들으면 병이 곧 소멸되어 늙지도 않고 죽지도 않는다는 말씀을 어떻게 믿고 이해할 것인가.

분명히 늙지도 않고 죽지도 않는 도리가 있다.

바로 우리들의 심성心性이다.

이를 심법心法이라 한다.

마음은 생별법이 아니다.

죽는 가운데 죽지 않는 도리가 곧 저마다 자성自性이다. 이러함을 적멸법寂滅法이라 한다.

이 법화경을 얻어 들으면 늙지도 않고 죽지도 않는 자신의 자성을 깨닫게 된다.

이를 무생법인無生法忍을 얻었다 한다.

심법心法인 적멸법寂滅法은 열반성에 들게 한다.

색법色法인 생멸법生滅法은 생로병사가 필연적으로 따르게 되고, 심법인 적멸법은 본래부터 생로병사가 없다.

어떤 형상 있는 경계가 아니기 때문이다.

법화경을 받아 지니고 읽고 외우고 수행하면 생멸법과 적멸법을 깨달아 늙지도 않고 죽지도 않는 도리를 알게 된다.

천불수수 千佛授手

만약 어떤 사람이 법화경을 받아 지니고 읽고 외우며 그 옳은 뜻을
이해하면, 이 사람이 명을 마치면 천 부처님께서 손을 주시어 두렵
고 겁나지 않게 하시고 악도에 떨어지지 않게 하시며, 곧 도솔천상
兜率天上의 미륵보살 계신 곳에 왕생하오리다.
미륵보살은 서른두 가지 훌륭한 상을 갖추고 큰 보살 대중에게 둘
러싸여 백천만억의 천녀 권속이 있는 이 가운데 태어나리다.

_「보현보살권발품」

법화행자가 명을 마치면 일천 부처님께서 손길을 주시어 인도하신
다는 말씀이며, 또 미륵보살이 계시는 도솔천에 몸을 받는다는 말
씀이다.
법화경은 보살을 가르치는 법이며, 모든 부처님께서 호념하시는
법이라 한다.
모든 부처님께서 이 법화경력(법화경의 힘)으로 불도를 이루셨기에
이 경을 받아 지닌 자를 항상 호념하시게 된다.
또 다음 생 성불하실 미륵보살이 계시는 도솔천에 태어난다는 말
씀이다.

이와 같은 큰 공덕과 이익이 있으니 어떻게 법화경을 받아 지니고 수행하지 않겠는가. 불보살께서 보호하시리라.

부처님께서 아난에게 이르시되,
나와 더불어 현겁賢劫의 모든 보살들과 또 시방의 모든 부처님께서는 대승의 참된 실상實相의 뜻을 깊이 생각한 연고로 백만억 억겁 아승지 수의 생사의 죄를 제하여 버렸나니, 이 가장 묘한 참회법을 인한 까닭으로 지금 시방에서 부처님 됨을 얻었느니라.

_『불설관보현보살행법경』

부처님께서는 대승의 참된 실상의 뜻을 깊이 생각한 연고로 백만억 억겁 아승지 수의 생사의 죄를 제하여 버렸다고 합니다.
그리고 참회법으로 인하여 불도를 이루신 말씀입니다.
법화경의 큰 뜻이 곧 제법실상입니다.
제법실상이란 세상에 있다는 모든 것의 참모습입니다.
실상이란 곧 적멸寂滅이니 저마다 심성心性입니다.
실상참회는 곧 실상을 깊이 관함으로 백만억 억겁 아승지 수의 생사의 죄를 제하여 버린 것입니다.

대승인자大乘因者 즉시실상卽是實相

대승과자大乘果者 역시실상亦是實相

대승의 인은 곧 실상이고, 대승의 과도 또한 실상이니라.

실상이란 눈으로 보는 대상이 모두 끊어진 것이니 형상이 없으며, 형상이 없기에 형상이 아니고, 형상이 아니기에 형상이 없으므로 이름하여 실상이라 합니다.

저마다 마음이 곧 실상입니다.

이렇게 실상을 관觀함으로 해서 백만억 억겁 동안 지은 중죄를 손가락 한 번 퉁길 잠깐 동안에 제하여 버린다고 하신 것입니다.

이를 실상참회라 하고, 대참회라 하고, 무죄상참회라 하고, 장엄참회라 하고 파괴심식참회라 합니다.

이 참회법을 행하여 불도를 이루셨다는 말씀입니다.

부처님의 손길이

오욕락에 젖어 한평생을 보냈다면 명命을 마칠 때 저승사자의 철퇴
가 따를 것이고,
대승경전을 믿고 여설수행했다면 부처님의 손길이 따를 것이라.

만약 어떤 사람이 법화경을 받아 지니고 읽고 외우며 옳은 뜻을 이
해하면 이 사람이 명을 마치면 일천 부처님께서 손을 주시어 두렵
고 겁나지 않게 하시고, 악도에 떨어지지 않게 하시며, 곧 도솔천의
미륵보살 계신 곳에 왕생하오리다.
미륵보살은 서른두 가지 훌륭한 상을 갖추고 큰 보살 대중에게 둘
러싸여 백천만억의 천녀 권속이 있는 이 가운데 태어나리다.
_「보현보살권발품」

법화경을 믿고 수행하면 이 사람이 명을 마칠 때 부처님의 손길이
따른다는 말씀이다.

만약 내가 중생을 만나면 불도를 가르쳐 다하지만, 지혜 없고 어지러운 자는 미혹하여 가르침을 받지 않느니라.

나는 아노니, 이런 중생은 착한 근본을 닦지 아니하고 다섯 가지 욕심에 굳게 집착하여 어리석게 사랑함으로 번뇌가 생겨 모든 욕심의 인연으로 삼악도에 떨어져서 여섯 갈래로 윤회하며 모든 고통을 갖추어 받느니라.

_「방편품」

부처님의 가르치심을 받지 않고 오욕락에 탐착하여 온갖 욕심을 낸 인연으로 삼악도에 떨어진다는 경전의 말씀이라.

경전의 말씀이 이렇게 분명한데도 부처님의 가르치심을 등지겠는가.

이런 사람이 명을 마칠 때 저승사자의 철퇴가 기다리고 있고, 이 법화경을 믿고 이해한다면 일천 부처님의 손길이 와 닿으리라.

나를 버리면 부처가 되고
부처를 버리면 내가 된다.
경계에 마음을 팔면 범부가 되고
마음을 섭수하면 성인이 된다.

색성色聲으로 부처를 구하면 사도가 되고
진여법성眞如法性을 회복하면 부처가 된다.

218

마음 밖에서 법法을 얻고자 함은 마군이 되고
마음이 여래인 줄 알면 성인聖人이 된다.
생사를 싫어하고 열반을 구하면 소승이 되고
생사가 곧 열반인 줄 알면 대승이 된다.
사바세계를 떠나 정토가 있다 함은 방편이 되고
사바가 적광토寂光土임을 깨달으면 진실이 된다.

마음이 시끄러우면 예토가 되고
마음이 청정하면 정토가 된다.
나를 앞세우면 부처가 멀어지고
부처를 앞세우면 내가 사라진다.

선이든 악이든 한쪽으로 치우치면 이것이 병이로다.
마음의 바다는 수용 못함이 없고 융섭 못함이 없느니라.
모든 허물은 한쪽으로 기울어진 탓으로 생기느니라.
그냥 내려놓으면 선도 없고 악도 없고
미움도 없고 사랑도 없느니라.

부처님 오신 날 발원문

부처님 세존께서 세상에 출현하심은 묘법연화경을 설하시어 일체
중생으로 하여금 불도에 들게 하시고자 함입니다.
부처님께서 말씀하시기를, 내가 본래 서원을 세우기를 일체 중생
으로 하여금 나와 다름이 없게 함이니라.
내가 옛적에 소원하던 바가 지금 이미 만족하노니, 일체 중생을 교
화하여 모두 불도에 들게 함이니라.

부처님께서 일체 중생으로 하여금 불도에 들게 하는 묘법연화경을
설하셨으니, 세존의 크고 크신 은혜는 희유한 일로서 한량없는 억
겁엔들 누가 능히 갚으오리까.
일체 공양을 드릴지라도 능히 다 갚지 못하오리다.

세존께서 매양 생각하시기를, 어떻게 하면 중생으로 하여금 위없
는 지혜에 들게 하여 부처님 몸을 빨리 이룰까 하노라.
자부慈父께서는 중생 성불을 매양 생각하시고 계십니다.

내가 한량없는 백천만억 아승지 겁에 이 얻기 어려운 아뇩다라삼

먁삼보리법을 닦고 익혀서 이제 너희들에게 부촉하노니, 너희들이 읽고 외우고 널리 유포하라 하시고 세 번이나 반복하여 분부하심에, 모든 보살마하살이 부처님의 이 말씀을 듣고는 세존께서 거듭 분부하신 것과 같이 마땅히 갖추어 받들어 행하오리다.

오직 그러하오니 세존이시여, 원하옵건대 염려하지 마시옵소서.

이렇게 부처님께서 부촉하신 묘법연화경을 저희들이 여설수행하고 광선유포할 때가 돌아왔습니다.

부처님께서 세 번이나 마정수기하시면서 분부하시고, 모든 보살이 세 번이나 맹세하여 부촉 받은 묘법연화경을 받아 지니고 읽고 외우고 널리 유포하겠나이다.

이렇게 함으로써 부처님의 깊고 높은 은혜에 보은함이 되옵니다.

세존이시여, 저희들이 신명을 가벼이 하고 법을 중히 여겨 널리 설하오리다.

부처님 오신 날 부처님 전에 축원 발원하옵니다.

본불님의 무량수명에 귀명례하옵니다.

나무석가모니 본불님 무량수명에 귀명례하옵니다.

시아본사 나무석가모니 본불님.

경자년 윤사월 팔일 법화사문 혜성 합장

사납고 힘센 소라 할지라도
코뚜레를 잡히면 어린아이에게도 끌려간다.
이와 같이 무명번뇌가 치성할지라도
나무묘법연화경 제목을 일심으로 부르면 번뇌를 잠재울 수 있다.

길들지 않은 소는 곡식밭을 해치지만
길들인 소는 곡식밭을 해치지 않는다.
이와 같이 그 마음을 조복 받으면 어떤 환경에서도
편안함을 유지할 수 있다.

바람이 거칠어지면 파도가 일어나고
바람이 조용해지면 파도가 잠잠해진다.
세상 파도와 싸우지 마라.
지혜 있는 사람은 세상 파도를 타느니라.
번뇌는 마음의 바다에서 일어난 파도이니라.

약초유품

여래가 설한 법은 한 모양(一相) 한 맛(一味)이라. 이른바 해탈상解脫相이며 멸상滅相이니, 궁극에는 일체종지一切種智에 이르느니라.

여기에서 일상一相이란 곧 실상이니 모든 사량 분별을 초월한 절대적 경지이며, 일미一味란 진실한 가르침이며 순수하여 잡됨이 없으니 일미라 한다.

해탈상解脫相이란 생사를 벗어난 경지이며, 이상離相이란 중도의 지혜를 얻어 열반의 상도 떠난 모습이요, 멸상滅相이란 생사와 열반이 없다는 생각마저 멸한 모습이요, 일체종지一切種智란 부처님의 지혜이니 성불함으로써 얻는 구경의 지혜이다.

세상에 있다는 온갖 모든 것의 참모습(실상)을 깨달아 얻은 지혜를 일체종지라 한다.

여래는 이 한 모양 한맛을 아나니 이른바 해탈의 모습(解脫相), 여의는 모양(離相), 멸하는 모양(滅相)이며, 궁극의 열반인 항상 적멸한 모양(究竟涅槃 常寂滅相)이니 마침내 공空으로 돌아가느니라.

약초유품의 골수를 드러내신 말씀이다.

앞서 강설한 바와 같으나, 다시 간략히 살펴보면

한 모양(一相)이란 중생의 본래성품과 마음이 동일함이요,

한맛(一味)이란 부처님의 가르침이 동일함이요,

해탈상解脫相이란 생사의 고통에서 벗어난 모양이요,

이상離相이란 열반의 상도 떠난 모습이요,

멸상滅相이란 생사와 열반이 없다는 생각마저 떠난 모양이요,

궁극의 열반인 항상 적멸한 모양(究竟涅槃 常寂滅相)이란 진여법성眞如法性의 자리요,

제법실상諸法實相을 밝히신 말씀이다.

종귀어공終歸於空이란 마침내 공으로 돌아간다는 뜻이다.

잘났거나 못났거나, 가졌거나 못 가졌거나 누구나가 마침내 공으로 돌아간다는 것은 절대적 평등의 원칙이다.

차등이 있을 수 없다.

모든 법이 중도실상中道實相이란 뜻이다.

법화경의 큰 뜻이 바로 이와 같으니, 세상에 있다는 온갖 모든 것이 항상 스스로 적멸의 모습이다.

이런 법을 중도실상이라 하고, 진여법성이라 하고, 제일의공第一義空이라 하고, 허공법신이라 한다.

공하다는 생각마저 공한 것이니 완벽한 공이라, 일체 말길이 끊어

진 절대적 경지이다.

그러므로 마침내 공空으로 돌아간다 하신 것이다.

있다는 모든 것이 끝내 공으로 돌아간다.

지관법 止觀法

지止는 범어로 samatha며, 음역으로는 사마타奢摩他이며,
지止·적정寂靜·능멸能滅이라 의역한다.
관觀은 범어로 vipasyana며, 음역으로는 위빠사나毘鉢舍那이며,
관觀·견見·종종관찰種種觀察이라 의역한다.

지止는 그친다는 뜻으로 마음의 움직임 산란함을 그치고 바른 마음
을 지켜서 쉼을 유지함이니, 선정이 나오고 공성空性으로 돌아가고
적멸寂滅로 돌아감을 지止라 한다.
관觀은 한 부분에 집중하여 관현觀現·관혜觀慧함을 뜻한다.
지止는 정신을 집중하여 마음이 적정寂靜해진 상태이며,
관觀은 구경의 진리인 실상實相을 관찰함을 의미한다.
지止는 마음의 동요함을 누르고 본원의 진리에 안주하는 것이며,
관觀은 부동의 마음이 지혜의 활동이 되어 사물을 진리에 맞게 관
찰하는 것이라 한다.
지관을 동시에 닦는 법이 바로 "나무묘법연화경" 제목을 일심으로
부를 때이다.
동요하는 마음을 제목에 안정시키고 일체 법의 성품이 적멸寂滅임

226

을 관觀하는 것이다.

경전을 독경할 때에도 정신을 집중시켜 독경함이 곧 지관법止觀法
을 닦는 때이다.

일체 법이 천차만별이 있다 할지라도 실상(참모습)은 차별이 없어
평등성平等性을 갖추고 있다.

다시 언급하지만 "나무묘법연화경" 제목을 일심으로 부를 때가 곧
지관법을 닦는 때이다.

만수만행萬修萬行의 공덕이 제목 속에 함장되어 있기 때문이다.

그리고 정중靜中 공부 득력보다 요중鬧中 공부 득력하면 백천만 배
더 수승하다.

나무묘법연화경 제목을 소리 높여 부를 때가 요중 수행으로 득력
할 때이다.

안정된 마음으로 제목을 부를 때가 지止행이 되고,

일심으로 불러갈 때 제법실상諸法實相이 현전하니 관觀행이 된다.

지止는 정定이요,

관觀은 혜慧와 같다.

제목을 받아 지님이 곧 계戒행이다.

나무묘법연화경 제목을 부를 때가 곧 계정혜戒定慧 삼학을 닦는 때
이다.

마음이 비워지면 경계가 고요하고
생각이 일어나면 법이 생겨난다.
물이 혼탁하면 파도가 혼탁하고
호수가 맑으면 달빛도 영롱하다.

_ 연수대사

만 가지 수행이 마음을 벗어나지 않으니, 마음은 미묘한 법이 나오
는 문이며 마음은 모든 진리의 창고이다.
마음은 길흉화복吉凶禍福의 근원이다.
마음을 바르게 한다면 어찌 묘법을 깨달아 증득하지 못하겠는가.

일체 법이 모두 마음에 따라 허깨비처럼 생겨나나, 마음이 이미 형
상이 없는데 그 마음에서 나온 법이 어찌 형상이 있겠는가.
이러함이 곧 마음의 참모습(實相)이라 하느니라.
마음의 때(垢)가 바로 부처이고, 바로 묘법이며, 바로 도道인 줄 모
른다.
육바라밀을 닦고 만선만행萬善萬行이 마음으로부터 비롯됨이라.

중생에게 모두 불성佛性이 있음을 모르고
중생을 하찮게 여긴다면 이는 진불眞佛을 비방하는 것이다.
진실한 부처님의 체성體性은 어디 있는가.
바로 중생 가운데 있느니라.

마음은 부처가 되기도 하고 중생이 되기도 한다.
마음과 부처와 중생의 셋은 전혀 차별이 없는 것이라,
불가사의 묘법연화경이라 이름함이라.
마음 밖에서 부처를 찾고 진리를 찾는다면
이는 마구니 짓이라 아무 소득이 없으리라.

정명경에서 이르시길,
제불의 해탈은 중생의 심행 중에서 구하라 하셨다.
부처는 중생을 떠나지 않건마는
미혹하여 이를 알지 못하고 있다.

법화경에서

상재영취산常在靈鷲山 급여제주처及餘諸住處

항상 영취산과 또 다른 모든 곳에 머물고 있느니라.

이렇게 부처님께서 세상에 항상 머물고 있다고 선언하신 말씀
이다.

시간과 공간을 초월하여 머물지 않은 곳이 없고, 머물지 않은 때가
없는 것이다.

연못이 맑으면 달빛이 영롱하니라.

번뇌즉보리 煩惱卽菩提

어떤 불자가 묻기를,

"경전의 어떤 말씀에 '번뇌가 곧 보리요, 생사가 곧 열반이요, 사바가 곧 적광이요.'라는 뜻을 담고 있는 경전의 뜻은 어떤 구절입니까?"

법화경의 핵심의 진리가 중도실상中道實相의 도리이다.
중도실상의 도리가 곧 번뇌즉보리, 생사즉열반, 사바즉적광이다.

법화경 이십팔품 전체가 번뇌즉보리요, 생사즉열반이요, 사바즉적광의 도리를 함장하고 있다. 따라서 일일문문一一文文이 전부가 중도실상을 드러냄이니, 경전 전체가 이러한 뜻을 함장하고 있다.
경전의 말씀으로 다시 살펴보면,

자아득불래自我得佛來
소경제겁수所經諸劫數
무량백천만無量百千萬
억재아승지億載阿僧祇

위 '자아게' 첫 게송이 곧 번뇌즉보리의 도리요,

아시어중생我時語衆生
상재차불멸常在此不滅
이방편력고以方便力故
현유멸불멸現有滅不滅

이 게송이 곧 생사즉열반의 도리며,

신통력여시神通力如是
어아승지겁於阿僧祇劫
상재영취산常在靈鷲山
급여제주처及餘諸住處

이 게송이 곧 사바즉적광의 도리이다.
다시 부연하면,
사리불이 화광여래華光如來, 제바달다가 천왕여래天王如來의 기별
받고, 용녀가 돈초성불함이 곧 번뇌즉보리의 도리요,

'여래는 비록 진실로 멸도하지 아니하나 그러나 멸도한다고 말하
느니라.' 하셨으니,
이 말씀이 곧 생사즉열반의 도리며,

232

'나는 항상 이 사바세계에 있으면서 법을 설하여 교화하였으며, 또한 다른 백천만억 나유타 아승지 국토에서도 중생을 인도하여 이롭게 하였느니라.' 하셨으니,
경전의 이 말씀이 곧 사바즉적광의 도리를 드러내심이다.

'또 이 사바세계의 땅이 유리로 되어 평탄하고 반듯하며, 염부단금으로 여덟 갈래 길에 경계를 하며, 보배나무가 줄을 지었으며, 모든 대와 누각이 모두 다 보배로 이루어졌으며……' 하셨으니,
이 경전의 말씀이 사바즉적광의 도리이다.

중도실상中道實相의 도리는 양변을 여읜 것이니
번뇌가 곧 보리요, 생사가 곧 열반인 것이다.
선악불이善惡不二 색심불이色心不二 자타불이自他不二
생사불이生死不二이며 권실불이權實不二이다.

물이 혼탁하면 파도가 혼탁하고
호수가 맑으면 달빛도 영롱하다

_연수대사

대나무 그림자가 진종일 섬돌을 쓸어도

먼지가 일어나지 않고

달빛이 연못 밑을 꿰뚫어도

물결이 일어나지 않네.

_ 작자 미상

일체 법이 모두 마음에 따라 허깨비처럼 생겨나나

마음은 이미 형상이 없네.

그 마음에서 나온 법이 어찌 형상이 있겠는가.

이런 도리가 곧 마음의 참모습 실상實相이라 하노라.

미혹의 근원이 사람들의 작위作爲인 것이니, 그 작위를 그치면 중
도가 나타나므로 거기에는 취할 법도 버릴 법도 없다는 것이다.

이러함이 생사즉열반生死卽涅槃이요, 번뇌즉보리煩惱卽菩提의 경지
이니라.

생사 가운데 열반법이 있고

번뇌 가운데 보리법이 있느니라.

_ 혜성

경전의 말씀대로 수행함을 여설수행如說修行이라 한다.

경전을 여설수행하다 보면 경전의 내용과 하나가 되고, 진여법성眞
如法性이 드러나게 되고, 이 사바국토가 불국토임을 알게 된다.

더할 것도 없고 뺄 것도 없이 그냥 이대로가 상적광토常寂光土이다.

굳은 신심으로 묘법을 수행하면 자신에게서 부처 냄새가 풀풀 날
것이다.

자신의 마음을 떠나 별도로 부처는 없다.

중생이 있는 곳에 부처가 있고, 부처가 있는 곳에 중생이 같이한다.

만약 자신의 마음 밖에서 부처를 구하고자 한다면 이는 사도를 행
함이라.

항상恒常한 부처님과 무상無常한 중생과는 결코 둘이 아님을 알아
야 한다.

이렇게 보면 부처님을 여의려야 여읠 수 없고, 떠나려야 떠날 수
없다.

심불급중생心佛及衆生이 전혀 차별이 없는 묘법연화경이라.

따라서 마음이 곧 묘법妙法이요, 무량의無量義요, 마음이 곧 제법실
상諸法實相이다.

제법실상을 깨달으면 자신 가운데 이미 법보화法報化 삼신불이 머
물고 있음을 깨닫게 되리라.

법화행자가 머문 곳이 곧 적광토요, 적멸도량이다.

마음의 때(垢)가 곧 바로 부처요, 바로 법이요, 도道임을 알아야
한다.

마음 때가 곧 불성佛性임을 모른다.

중생심 가운데 제불諸佛의 지혜가 나타난다.

무명無明의 중생을 빼고 부처될 자 아무도 없느니라.

자부慈父께서 서원을 세우시기를,

일체 중생이 나와 다름이 없게 하여지이다.

옛적에 소원하던 바가 지금 만족한다 하심이라.

제법실상諸法實相의 법을 설하셨기에, 중생 성불의 진리인 유일불 승唯一佛乘법을 설하셨기에 옛적에 소원하던 바가 만족한다 하심이 니라.

이렇게 중생 성불의 곧은 길이 곧 제법실상의 도리이니라.

법화경은 시방제불을 잉태하고 출생케 하는 성태聖胎이며, 중생 성 불의 혈맥血脈이니라.

제불께서 만 가지 법을 설하신다 해도 오직 일불승一佛乘으로 들게 하고자 하심이라.

그러므로 오직 일불승만 있고 이승삼승二乘三乘은 없다 하셨느 니라.

생멸生滅이 소멸하고 나면 적멸寂滅의 낙이 있는데, 적멸의 낙은 세상에서 가장 으뜸가는 낙이라.

먹물 옷을 입고 한가하고 고요한 데 머물면서 법화경 한 구절 한 게송으로 적멸의 경지에 드니 출가자의 뜻을 다하도다.

몸이 비록 무상無常하다고 하지만 그러나 환형幻形의 몸으로 인해 도과道果를 얻을 수 있었느니라.

삼보三寶에 지성으로 귀의하고 신명을 묘법연화경에 맡긴다면 생사를 뛰어넘고 금강金剛의 몸을 얻으리라.

견고하지 못한 몸으로 불멸不滅의 불괴불신不壞佛身을 얻으리라.

무상無常의 몸으로써 항상恒常의 몸을 얻으리라.

범부는 육신의 시종이 되어 한 세상 보내고, 성인은 육신을 보리수菩提樹로 삼는다.

몸이 비록 무상無常하다 할지라도 잘 가꾸면 부처가 머무는 도량이니라.

무상전변無常轉變하고 있는 이 몸으로 묘법연화경을 받아 지닌다면 머지않아 여래십호如來十號를 얻으리라.

진실한 부처님의 상성체相性體는 바로 중생 가운데 있느니라.

선남자여,

부처님의 몸은 두 가지가 있나니,

하나는 항상恒常하고, 둘은 무상無常하나니
무상한 것이란 중생을 제도하기 위하여 방편으로 나타낸 것이니
이것은 눈으로 보는 것이요,
항상한 것이란 부처님 세존의 해탈한 몸이니 눈으로 본다고도 하
고 귀로 들어서 본다고도 하느니라.

이렇게 항상한 몸을 법신法身이라 하고, 무상한 몸을 응신應身이라
하느니라.
법신·보신·응신이 불가사의 하나이니 부처님은 항상한다고 하느
니라.

응신의 작용이 없다면 중생을 제도할 수 없기 때문에 제도할 상대
에 따라 알맞은 몸을 나투시어 중생을 교화하여 해탈케 하느니라.

_『마하지관』에서

제불법신아성입諸佛法身我性入

아성제불법신합我性諸佛法身合

제불의 법신이 나의 성품에 들고

나의 성품이 제불의 법신과 합치도다.

제불법신諸佛法身

불리하범부지일념不離下凡夫之一念

제불의 법신이 하열한 범부의 한 생각을 떠나지 않는다.

파도불리수波濤不離水

여래불리심如來不離心

파도는 물을 떠나지 않고

여래는 마음을 떠나지 않네.

사람들은 경계에 한눈을 팔아 분망히 밖으로 내달린다.

모든 경계가 허깨비 같고 꿈과 같고 그림자와 같고 메아리와 같고

공중에 헛꽃과 같다는 사실을 분명히 알지니라.

부처님의 일을 행하는 사람

기유독송其有讀誦 법화경자法華經者
당지시인當知是人 이불장엄以佛莊嚴
이자장엄而自莊嚴 즉위여래則爲如來 견소하담肩所荷擔
그 어떤 이가 법화경을 읽고 외우면 마땅히 알지니라.
이 사람은 부처님의 장엄으로 이에 스스로 장엄하고
곧 여래를 어깨에 메고 진 바가 되느니라.

_「법사품」

법화경을 받아 지니고 읽고 외우면 이런 사람은 부처님의 공덕과
지혜로 스스로 장엄하고 여래를 어깨에 메고 진 바가 된다는 부처
님의 금언金言이시다.
법화경은 부처님의 정요요, 법신사리이며, 부처님의 공덕과 지혜
이다.

이 경을 받아 지니고 수행하는 자는 부처님의 일을 행하는 사람
이요,
불사佛事를 짓는 사람이기 때문에 부처님을 어깨에 메고 진 자가

됨이니라.

부처님과 동행하는 자이니라.

아무리 거룩한 법일지라도 유통하는 자가 없다면 법의 유통이 단절하고 말 것이다.

그러므로 법화경을 읽고 외우고 유통하는 사람은 부처님의 장엄으로 스스로 장엄함이라 하신 것이다.

보현이여,

만약 여래가 멸도한 뒤 후오백세에 혹은 어떤 사람이 법화경을 받아 지니고 읽고 외우는 자를 보거든 응당 이런 생각을 하되, 이 사람은 오래지 않아 마땅히 도량에 나아가서 모든 마군의 무리를 파하고 아뇩다라삼먁삼보리를 얻어 법륜을 굴리며, 법북을 치고 법소라를 불며 법비를 내리게 하며, 마땅히 하늘과 사람의 대중 가운데서 사자법좌 위에 앉으리라 할지니라.

_「보현보살권발품」

법화경을 받아 지니고 읽고 외우는 사람은 머지않아 성불한다는 부처님의 말씀이다.

경을 수행함에 가장 중요한 일이 굳은 신심이다.

신명身命을 법화경에 걸고 귀명례해야 한다.

불법의 구경의 진리는 일체 중생이 불도를 이루는 길이다.

중생 성불의 곧고 바른 길이 이 경에 오롯이 담겨 있다.

법화경을 보고 듣고 아는 것을 이행理行이라 하고,

보고 듣고 닦아 행함을 사행事行이라 한다.

이행·사행을 행함에 의해 성불의 길이 열리게 되는 것이다.

시방제불께서 한결같이 법화경을 수행하신 인행因行에 의해 불과佛果를 얻으셨듯이, 모든 중생이 이 경을 수행한 인행에 의해 머지않아 불과를 얻을 것이다.

부처님의 일체종지一切種智가 모두 이 경에 속함이니라.

어떤 사람이 복을 구하여 그들의 욕망에 따라 오락거리를 모두 주는데, 하나하나 중생에게 염부제에 가득 찰 만한 금·은·유리·자거·마노·산호·호박 등 모든 묘하고 진기한 보배와 또 코끼리와 말과 타는 수레와 칠보로 이룬 궁전과 누각 등을 주었느니라.

이 큰 시주가 이와 같이 보시하는 것을 팔십 년을 채우고는 이런 생각을 하되, 내가 이미 중생에게 오락거리를 보시하여 하고자 하는 뜻에 따랐으나, 그러나 이 중생이 모두 이미 쇠약하고 늙어서 나이 팔십이 넘은지라, 머리털은 희고 얼굴은 주름져 장차 오래잖아 죽을 것이니, 내가 마땅히 부처님의 법으로써 가르쳐 인도하리라 하고, 곧 이 중생을 모아 수다원도·사다함도·아나함도·아라한도를 얻게 하여 모든 번뇌를 다하게 하고, 깊은 선정에서 모두 자재함을 얻어 팔해탈을 갖추게 하였다면, 너의 생각에 어떠하느냐.

이 큰 시주가 얻은 바 공덕이 많다 하겠느냐, 아니다 하겠느냐.

만약 이 시주가 다만 중생에게 일체의 오락거리만 보시하였더라도 공덕이 한량없사온데, 어찌 하물며 아라한과까지 얻게 함이오리까.

부처님께서 미륵보살에게 이르시되, 이 사람이 일체 오락거리로써 사백만억 아승지 세계의 육취 중생에게 보시하고, 또 아라한과를 얻게 한 공덕이 이 오십 번째 사람이 법화경의 한 게송을 듣고 따라 기뻐한 공덕만 같지 못하니, 백 분·천 분·백천만억 분의 일에도 미치지 못하며, 이에 산수 비유로도 능히 알지 못하느니라.

_「수희공덕품」

칠보로 된 오락거리가 아무리 귀중하고 많다 할지라도 금생에 한하고 다함이 있으나, 법화경 한 게송 한 구절을 받아 지니고 따라 기뻐한 공덕은 다함이 없고 마침내 불도를 이룰 수 있는 것이니라.

또 아라한과를 얻게 한 공덕이 한량없으나 성불할 수 있는 공덕에는 미치지 못함이라, 물질을 보시한 공덕과 아라한을 얻게 한 공덕이 법화경을 한 게송이라도 받아 지니고 따라 기뻐한 공덕에 비교하면 백 분·천 분·백천만억 분의 일에도 미치지 못한다는 부처님의 말씀이다.

도량에서 출간된 책의 값은 1, 2만 원에 불과하지만 그 책을 읽고 마음에 안정을 얻고 깨달음을 성취한다면 그 책의 값어치는 따질 수 없을 것이다.

스님의 양말을 몇 켤레 보시해 오면 스님은 그 양말의 값이 많고 적음이 아니라 보시한 분의 마음의 정성을 느낀다.

스님의 밑반찬을 어느 보살이 보시해 오면 스님은 그 반찬을 먹을 때마다 그 보살의 고마움과 정성을 생각한다.

어떤 보시물을 받을 때 그 보시물의 값어치가 아니라 보시해 주신 분의 마음과 정성을 먼저 생각한다.

아무리 작고 적을지라도 그 보시품에는 따뜻한 마음과 정성이 담겨 있다는 생각을 한다면 소중함이 그지없을 것이다.

관세음보살은 세 가지 보살행을 행하신다고 한다.

재보시財布施·법보시法布施·무외시無畏施이니, 재물이 필요한 자에게는 재물을 베풀어 제도하시고, 법으로써 제도할 자에게는 법을 베풀어 제도하시고, 두려움이 있는 자에게는 두려움 없는 것을 베풀어 제도하신다고 한다.

모든 불보살이 그렇듯이 베풀되 대가를 바라서는 안 된다.

자신이 은혜를 받은 것은 되돌려 은혜를 베풀어야 하고, 자신이 베푼 것에서는 생각지도 말아야 하고, 묘법을 세상에 베풂이 생활화되어야 한다.

법화경은 여의보주와 같아 믿고 따르면 모든 고통에서 벗어나고
생사의 강을 건너 마침내 불도를 이루어 열반성에 들게 됨이니라.

윤회의 근본

선남자여,

일체 중생이 무시이래로부터 여러 가지의 은애恩愛와 탐욕貪欲으로 말미암아 윤회하였다.

이러한 모든 세계의 일체 종성種性인 난생·태생·습생·화생이 모두 음욕으로 인하여 생명生命을 받는다.

마땅히 알아라. 윤회는 사랑이 근본이니라.

모든 욕심이 있어서 사랑하는 성정性情이 발생하는 것을 도우므로 생사가 능히 상속하도록 하는데, 욕심은 사랑에서 생기고 명命을 사랑하여 도리어 욕심의 근본에 의탁하니, 애욕이 인因이 되고 애명愛命이 과果가 되느니라.

_『원각경』「미륵보살장」

애愛는 몸을 받는 근본이 되고 윤회의 닻줄이다.

애와 욕으로 명命을 받아 수생受生하니, 애욕愛欲으로 인하여 생사의 바퀴돌이에 빠져 윤회하고 있는 중이다.

법화경에서 말씀하시기를,
모든 괴로움의 원인은 탐욕이 근본이 되거늘
만약 탐욕을 멸하면 의지할 바가 없으니
윤회의 인과因果는 애탐愛貪이니라.
먼저 탐욕을 끊고 갈애渴愛를 제거하여야 한다.

색色에 착을 한 까닭으로 모든 미진을 탐내고 사랑하였으며, 미진
을 사랑하는 까닭으로 여인의 몸을 받아서 세세에 나는 곳마다 모
든 색에 미혹되고 착을 하여 색이 너의 눈을 무너뜨려서 은혜와 사
랑의 노예가 되고, 색이 너를 심부름을 시켜서 삼계를 두루 다니게
하나니, 이 피곤한 심부름으로 어두워져 보는 바가 없느니라.

_『행법경』

눈으로 보는 대상이 모두 색色에 속한다.
이런 색色에 착著을 한 까닭으로 모든 미진을 탐내고 사랑함에 온
갖 고통을 받게 되고, 또 여인의 몸을 받아서 세세생생 나는 곳마다
은혜와 사랑의 노예가 되고, 삼계를 두루 다니며 몸을 받아 윤회 길
에 빠져 스스로 나오지 못하고 있는 것이다.
이 고통스러운 윤회 길에서 빠져나오는 길은 우선 대승을 받아 지
니고 읽고 외우고 수행함으로 가능한 일이다.
윤회의 근본은 애욕이 인因이 되고 애명愛命이 과果가 된다고 하
셨다.

애욕에서 욕심이 생기고 애욕은 생사의 근본이라고 밝히셨다.

윤회는 자신의 뜻과는 상관없이 자신이 지은 업에 의해서 몸을 받게 된다.

악업을 지으면 악도에 몸을 받게 되고 선업을 지으면 인간이나 천상계의 몸을 받게 된다.

윤회는 고통이 따르기 마련이다.

고통스러운 윤회 길에서 벗어나는 길이 없는가.

분명히 있다. 무상도인 법화경을 믿고 수행하면 애탐愛貪이 끊어지고 윤회의 닻줄을 끊게 된다.

당지여시인當知如是人 자재소욕생自在所欲生
마땅히 알지니, 이런 사람은 나고자 하는 곳에 자재함이니라.

_「법사품」

법화경을 믿고 수행하는 법화행자는 자신이 나고자 하는 곳에 몸을 받음이 자재하다는 말씀이다.

이를 수의수생隨意受生이라고 한다.

자신의 뜻에 따라 몸을 받는다는 말씀이다.

법화경력으로 윤회를 단절하고 자신이 세운 원에 의해 몸을 받음이 자재함이라.

시방세계 모든 불보살께서는 한결같이 수의수생隨意受生함이 자재

248

하시니, 온갖 곳에 온갖 이름으로 온갖 모습으로 몸을 나투시어 중생들을 제도 해탈케 하시는 불사佛事를 끊임없이 짓고 계시는 것이다.

이와 같이 모든 법화행자는 금생에 윤회의 닻줄을 끊고 수의수생의 몸을 받아 법화경을 여설수행如說修行·광선유포廣宣流布하는 지위에 들어야 한다.

이런 사람이 명命을 마칠 때 일천 부처님께서 손길을 주시어 인도한다는 경전의 말씀이 든든하기 그지없다.

관세음보살님은 남자입니까?

관세음보살님이 남자입니까, 여자입니까? 하고 질문하는 경우가 가끔 있다.

관세음보살을 비롯한 큰 보살들은 베풂과 자비심을 근본으로 삼고 있다.

어머니의 희생정신과 자비심과 다르지 않기 때문에 여성스럽게 묘사되고 있다.

관세음보살과 모든 큰 보살님들은 성性을 초월하고 있다.

보살들은 모든 중생들을 구고구난救苦救難함이 끝이 없다.

어머니의 희생정신, 자비심, 책임감 등 이런 마음은 세상에서 가장 숭고하고 또 아름답다.

자식들을 잉태하고 자비심으로 양육하는 어머니의 정성이 세상을 아름답게 이끌어 가는 원동력이 되고 있다.

이러한 어머니의 희생정신과 불교의 보살들의 자비행이 다르지 않기 때문에 여성상으로 묘사되고 있다.

보살들의 베풂과 자비심과 또 어머니의 희생정신과 자비심은 이 세상을 아름답게 하는 원천이 된다.

어머니는 자식들에게 끝없이 베풀되 바라는 바가 없다.

바람이 있다면 오직 자식이 잘되는 일이다.

이와 같이 모든 보살들이 구고구난하고 베풀되 대가를 바라지 않는다.

어머니의 마음과 보살들의 마음이 다르지 않다.

끝없이 베풀되 대가를 바라지 않고 그저 중생들이 고통에서 벗어나 행복하기를 바랄 뿐이다.

모든 보살이 중생들을 제도 해탈케 하는 불사를 끝없이 짓고 있다.

관세음보살은 성性을 초월하고 있다.

제도할 상대에 따라 가지가지 몸을 나타내어 중생을 제도 해탈케 함이 끝이 없다.

정치지도政治之道는

어느 쪽을 보수保守라 하고, 또 한쪽을 진보進步라 하여 사사건건
충돌하고 대립하고 있다.
보수가 옛것에만 고집한다면 정체와 안일에 빠질 것이고,
진보가 새로운 것을 추구하고 옛것을 버린다면 뿌리 없는 나무와
같을 것이다.
보수는 옛것을 지키되 새로운 것을 추구하고, 진보는 새로운 것을
추구하되 옛것을 지킨다면 보수와 진보가 대립할 것이 없다. 말만
바뀌었을 뿐이다.

정치지도는 국가가 근본이 되고 국민이 주인이 되어야 한다.
정치는 모두를 융섭하고 포용하는 데 있어야 한다.
바닷물이 온갖 물을 수용하듯이, 중도中道는 어느 한쪽으로 기울지
않는다.
이것과 저것의 중간은 더더욱 아니다.
어느 한쪽이 아니라 모두가 있어야 한다.
중도는 대립이 없다. 선악불이善惡不二요,
자타불이自他不二 내외불이內外不二이다.

헌데 갈등이 있겠느냐.

정치지도는 옳고 그름을 수용하되 어느 한쪽으로 기울지 말아야
한다.
모두를 포용하고 융섭함이 중도이다.
옳은 것도 아니요, 그른 것도 아니고
진실도 아니고 거짓도 아니다.

아상我相을 버리면 사람이 보이고
사람을 버리면 아상이 앞선다.
중도를 벗어나면 시시비비가 따르고 갈등과 반목이 생긴다.

중도실상中道實相에 너와 나의 대립이 없다.
모두를 수용하고 포용하는 지혜를 평등대혜平等大慧라 한다.
모든 것에서 분별심이 사라지고 차등과 대립이 없는 이상세계가
열리게 된다.
정치판에 중도행中道行을 하는 성인이 언제 나올꼬.
칭찬에 우쭐하고 비방에 불끈하는 정치판의 귀에는 전설과 같은
이야기일지 모르겠다.

모든 사람들이 때로는 보리심菩提心을 내기도 하고, 때로는 중생심을 내기도 한다.

진종일 중생계와 불계를 넘나들고 있다.

구법계九法界 중생이 무시이래 불계佛界를 갖추고 있고 불계도 모든 중생을 품고 있으니 십법계가 각각 십법계를 갖추고 있으니 이를 십계호구十界互具라 함이니라.

한 생각 진여법성眞如法性을 깨달으면 부처요,

한 생각 미혹하면 중생이라 하니, 진종일 법계를 두루 넘나들고 있어도 진여의 법성은 부동불변不動不變이니라.

대나무 그림자가 진종일 섬돌을 쓸어도 먼지가 일지 않고

달빛이 연못을 꿰뚫어도 물결이 일지 않네.

만리풍취산부동萬里風吹山不動

천년수적해무량千年水積海無量

만리에서 부는 바람일지라도 산을 움직일 수 없고

천년 동안 물이 모인 바다는 한량이 없다.

어떤 경우라도 진여법성眞如法性을 훼손할 수 없고

진여법성의 공덕은 바닷물과 같이 헤아릴 수 없다.

진여眞如는 진실 그대로 실상實相과 같은 뜻이니

모든 것의 참모습이요,

법성法性은 일체 존재의 근본 성품이다.

비록 생사 속에 있으나

진여법성을 물들이지 않고 어디에 착을 함이 없고

모든 불법에 편안히 머물러 항상 여래의 행을 즐긴다.

스님은 인터넷, 스마트폰 등에 백지다

어떤 수행자가 말하기를 지금 세상에서 인터넷 못하고 스마트폰을 활용하지 못하면 자신도 불편하고 옆 사람도 불편하다고 한다.

틀린 말이 아닌 것 같다.

스님은 이런 문명의 이기에 백지상태이다.

하루에 8~9시간을 수행에 소요하고 도량 관리와 농사일, 또한 밖으로 법문 다니고, 원고 쓰고 등등 발바닥에 땀이 나도록 종종걸음을 치고 있다.

그동안 쓴 원고가 3만 장(200자 원고지) 정도는 될 것 같다.

돌아보면 이 육신을 그냥 두지 않고 부려먹은 것이니, 육신에게 미안한 생각이 들고 고맙기 그지없다.

마음에 따라 육신이 불평 없이 따라 주었으니 고맙고 다행스럽다.

스님의 생활이 이러하니 인터넷이나 스마트폰에 신경 쓸 여유가 없었다.

그러나 후회하지 않는다.

법화경 수행에 신명身命을 걸었던 것 같다.

수행하면서 틈틈이 쓴 책이 여남은 가지가 되니 책 출간에도 많은 시간이 필요했다.

256

스마트폰 못한다고 핀잔하지 마라.

어떤 사람이 신통력이 뛰어나 육신통을 얻고 삼명과 팔해탈을 얻어 공중에 날기를 새와 같이 하고, 물속에 머물기를 물고기와 같이 하고, 땅에 스며들기를 물과 같이 하고, 물 위를 걷기를 땅과 같이 한다 해도, 법화경 한 게송 한 구절 듣고 따라 기뻐한 공덕에 비교하면 백 분·천 분·백천만 분의 일에도 미치지 못한다고 설하셨노라.

겁화가 활활 타는데 마른 풀을 짊어지고 그 가운데 들어가서 아니 탐은 어려운 일이 아니지만, 부처님 멸도하신 후 이 경을 지니고 한 사람에게라도 설하기는 이것이 곧 어려움이라 하셨노라.

옛 선지식은 조수가 드나들지 않을지라도, 저 태양이 땅에 떨어질지라도 법화행자의 공덕은 한량없고 가이없느니라 하셨노라.

인터넷 좀 못하면 어떻고 스마트폰 좀 못하면 어떻겠느냐.

아라한이 육신통과 삼명과 팔해탈을 얻은 공덕이 법화경 한 게송 받아 지녀 따라 기뻐한 공덕에 백천만 분의 일에도 미치지 못한다 하심의 의미를 새겨본다.

삼일수심천재보三日修心千載寶라,

삼일 동안 닦은 마음은 천년의 보배이니라.

이 책의 서두에 '자아게自我偈 예찬禮讚'이란 글이 자리하고 있다.

법화사문 혜성은 이 글을 몇 번이나 읽고는

목이 메고 눈가에 이슬이 맺힌다.

이 글을 읽고도 법화경을 신용하지 않을까.

이 글을 읽고도 보리심을 내지 않을까.

이 글을 읽고도 생사의 닻줄을 끊지 못할까.

이 글을 읽고도 불도를 이루지 못할까.

하는 마음이 든다.

자아게는 부처님의 혼이요, 부처님의 정요精要요,

자아게는 부처님의 골수요, 시방제불을 낳는 모태요,

모든 보살이 길러지는 요람이요,

모든 보살의 사도師導요,

일체 중생이 불도를 이루는 곧고 바른 길이다.

헌데 사람들은 왜 법화경으로 들지 못하고 밖에서 빙빙 돌고 있을까.

골목길을 헤매고 있을까.

불자들이여, 여래수량품 자아게를 외우고 또 외우고, 자아게 예찬을 읽고 또 읽어서 부처님의 참뜻을 깨달을지니라.

시방세계 모든 부처님께서 법화경력으로 사생자부가 되셨고 여래십호를 얻으셨도다.

법화경을 받아 지니고 수행하는 사람은 머지않아 또한 여래십호를 얻음이 의심이 없도다.

258

타 경전은 성불의 미로와 같고, 법화경은 중생이 구경지究竟地에 이르는 곧고 바른 길이니라.

미로에서 헤매지 말고 성불의 직도에 들지니, 적광토寂光土가 눈앞에 나타나리라.

불법에 믿음이 없다면 자신의 일신조차도 건지지 못할진대 어찌 이타행利他行이 있겠느냐.

광음光陰은 날아가는 화살과 같음이라,

날아가는 세월에 몸을 맡기지 말고, 법화경에 신명身命을 의지하여 부지런히 닦을지니라.

이 경전을 잠시 닦은 공덕이 백 년 부귀영화를 누리는 것보다 백천만 배 수승하리라.

자아게를 외울 때 자신 가운데 잠들고 있는 부처가 깨어나리라.

꿈속에 일이 생시로 돌아오리라.

자아게는 중생 성불의 혈맥血脈이니라.

자아득불래自我得佛來가 십법계十法界의 사연이고, 우리 모두의 사연이니라.

자아득불래가 내 자신의 일기장 속에 사연이었음을 몇십 년 세월이 지난 뒤에야 비로소 알았도다.

자신 가운데 잠들고 있는 부처를 깨우는 게송이니라.

보은報恩의 길

불단에 부처님 용상을 비추는 조명등이 고장이 났다.

실상거사가 조명등 새것을 구입하여 손수 교체하여 보다 밝은 등으로 부처님 용상을 비추게 되었다.

시방세계에 광명을 나투시는 부처님의 용상을 뵈오니 실상거사의 공덕이 적지 않음을 느낀다.

도량에서 공부하고 수행하는 모든 불자들이 한결같이 도량의 크고 작은 일을 자신의 일처럼 동참하고 있다.

법회가 끝나고 법우들이 다 돌아간 뒤에 혼자 남아 화단에 풀을 매고 있는 보살의 모습을 보고 스님은 감동을 느낀다.

찜통 같은 더위 속에 풀을 맨다는 것은 주인의식, 책임의식이 없으면 어려운 일이다.

스님은 빈 몸으로 세상에 나와 많은 은혜를 입었다.

삼보님의 은혜를 비롯하여 모든 불자로부터 입은 은혜가 한량이 없다.

빈 수레에 은혜만 잔뜩 싣고 고향으로 돌아갈 것 같다.

부처님을 어깨에 메고 지고 시방세계를 뱅뱅 돌아 어깨뼈가 드러나도 부처님의 은혜를 갚을 수 없다 하셨는데, 법화경을 사람들에게 널리 전할 때 비로소 부처님의 은혜를 갚는 길이라 하셨도다.

그동안 신명身命을 법화경에 의지하여 반평생을 보냈으나, 부처님의 심부름꾼으로서 직분을 다했는지 자신을 살펴보면 항상 부족한 마음이 앞선다.

이 몸과 인연이 다하는 그날까지 묘법을 수행하고 세상에 유포하는 데 신명을 불태우리라.

오늘도 인천의 응공자의 길을 묵묵히 가고 있다.

출가 사문은 부처님의 은혜를 먹고 성숙해 간다.

관세음보살보문품

관세음보살보문품을 읽으면 의심이 생긴다는 어떤 보살의 질문
이다.

보문품의 말씀과 같이 하면 뜻한 바가 과연 이루어질까 하는 의심
이 생길 수 있다.

관세음보살의 이름을 듣거나 또 몸을 보고 마음으로 생각하여 헛
되지 아니하면 능히 모든 있는 고뇌가 소멸하느니라.

가령 해치려는 생각을 품고 큰 불구덩이에 밀어 떨어뜨려도 저 관
음을 생각하는 힘으로 불구덩이가 변하여 못을 이루며, 혹은 큰 바
다에 표류하여 용과 고기와 모든 귀신의 난에서 저 관음을 생각하
는 힘으로 거센 파도가 능히 빠뜨리지 못하며, 혹은 수미산 봉우리
에 있을 적에 사람이 밀어서 떨어질지라도 저 관음을 생각하는 힘
으로 해와 같이 허공에 머무르며, 혹은 악한 사람에게 쫓기어 금강
산에서 떨어지게 될지라도 저 관음을 생각하는 힘으로 능히 털끝
하나 상하지 아니하며, 혹은 원수인 도적이 둘러싸고 각각 칼을 잡
고 해치려 해도 저 관음을 생각하는 힘으로 모두 곧 자비한 마음을
일으키며, 혹은 왕의 명령에 고난을 만나 형벌을 당하여 죽게 되더

라도 저 관음을 생각하는 힘으로 칼이 곧 조각조각 부러지며, 혹은 옥에 갇혀 칼을 쓰고 손발을 사슬과 형틀에 묶일지라도 저 관음을 생각하는 힘으로 저절로 풀리어 벗어남을 얻으며, 저주와 모든 독약으로 몸을 해치고자 하는 자는 저 관음을 생각하는 힘으로 본인에게 돌아가 해침을 받으며, 혹은 악한 나찰과 독한 용과 모든 귀신을 만날지라도 저 관음을 생각하는 힘으로 그것들이 감히 해치지 못하며, 혹은 악한 짐승에게 둘러싸여 사나운 이빨과 발톱의 공포에서도 저 관음을 생각하는 힘으로 먼 곳으로 빨리 달아나며, 도마뱀과 살무사와 전갈이 독기를 불꽃처럼 뿜더라도 저 관음을 생각하는 힘으로 소리를 듣고 스스로 도망가며, 구름에서 천둥 번개가 치고 우박과 큰비가 쏟아질지라도 저 관음을 생각하는 힘으로 응당 곧 흩어져 걷히게 되며, 중생이 곤액과 핍박을 받아 한량없는 고통이 몸에 닥칠지라도 관음의 묘한 지혜의 힘이 능히 세간의 고통을 구원하리라.

_「관세음보살보문품」

관세음보살보문품의 게송 일부분이다.
관세음은 자비의 화신이다.
자비심은 심법心法이다.
자비심 앞에서는 어떤 악한 일도 일어날 수 없다.
아무리 날카로운 칼일지라도 물이나 공기를 벨 수 없듯이
아무리 악한 사람일지라도 자비심을 이길 수 없다.

심법心法은 형상이 없다.

형상이 없기에 어떤 것으로부터 해침을 받을 수 없다.

관세음보살보문품은 심법이다.

자성自性은 누구에게 제압될 수 없고 묶이거나 파괴되거나 해침을 받을 수 없다.

보문품의 게송은 심법을 밝히심이요,

저마다 자성自性인, 즉 진여성품眞如性品을 노래하신 대목이다.

색법色法인 우리의 육신은 무상無常하여 끝없이 전변하고 있다.

남에게 제압될 수도 있고 묶일 수도 있고 해침을 받을 수 있다.

그러나 심법心法은 허공과 같아 묶이거나 파괴될 수 없다.

보문품은 관세음보살의 자비심을 노래하시고 진여성품을 밝히신 것이다.

색법色法인 육신을 두고는 이해하기 어렵고 믿기 어렵다.

보문품을 통하여 관음의 행을 배우는 것은 이행理行이요,

관음의 자비행을 몸소 행함은 사행事行이다.

저마다 이행과 사행을 몸소 행해야 하리라.

관세음보살의 자비행을 배워서 몸소 자비행을 행함으로써 보문품의 게송 부분은 심법으로, 진여성품의 입장에서 이해해야 할 일이다.

심법인 마음이 안락하고 고통이 없으면 색법인 육신도 안락하고 행복하게 된다.

264

색심불이色心不二이기 때문이다.

우리의 마음은 온갖 자재한 신통력과 지혜를 갖추고 있고, 색신은 이에 따르게 되고, 마음이 청정하면 육신이 안락하게 된다.

물론 지극한 정성으로 관세음보살의 명호를 외우거나 관觀함으로 해서 경전의 내용과 같은 이적이 일어날 수 있다.

또한 관세음보살의 자비의 행을 몸소 행할 때 이러한 일들이 일어나고 호법선신들의 수호를 받게 된다.

어떤 불자가 묻기를,

가부좌를 틀고 앉아서 제목을 불러야 합니까?

아니면 가면서 오면서 불러도 됩니까? 하는 질문이다.

묘법연화경의 뜻은 양변으로 치우치지 않는다.

옳고 그름과 크고 작음과 선과 악, 흑과 백, 중생과 부처 등 어느 한 쪽으로 치우치지 않고 모두를 융섭하고 포용해야 한다.

마치 바다가 온갖 물을 수용하듯이 바다는 물을 사양하지 않듯이 묘법연화경은 세상 온갖 모든 법을 모두 다 수용한다.

세간법도 출세간법도 포용하고 있다.

왜냐하면 묘법이 저마다 마음과 다르지 않기 때문이다.

심야즉묘법心也卽妙法이다.

그러므로 있다는 모든 것이 허공에 의지하듯 모든 법이 마음을 벗어나지 않고 있다.

묘법은 어떤 원칙에 얽매이지 않고 치우치지 않는다.

양변을 여읨을 중도中道라 하는데 우리의 마음이 곧 중도이다.

중도는 이것과 저것의 중간이 아니고 막히고 걸릴 것이 없다.

막히고 걸릴 것이 없다 하여 방종으로 흐름은 더더욱 아니다.

모든 진리의 극체가 곧 중도中道이다.

만 가지 법이 있다 해도 중도에 드는 문이요, 과정이요, 계단이다.

세상의 모든 성인聖人이 중도의 진리를 깨닫고 무상도를 이루신 것이다.

수행자는 어떤 법이든 법에 묶이지 말아야 한다.

이것은 되고 저것은 안 되고, 이것은 좋고 저것은 나쁘고, 이것을 얻었다 저것을 잃었다.

온갖 망상을 일으키고 의심 그물에 걸리게 된다.

분별심을 다 내려놓아 버리면 그때에야 중도를 이해하게 될 것이다.

마음의 잣대를 꺾어버리고 마음의 저울을 치워버려라.

중도가 현전하리라.

그리고 버렸다는 생각마저 버려라.

저마다 모두가 순금이다.

순금은 잡철로 돌아가지 않는다.

자신이 순금인 줄 모르고 그냥 방치하고 있었다.

세상살이 때(垢)가 덕지덕지 있으나 순금은 순금일 뿐이다.

순금의 성질은 변하지 않는다.

구름이 하늘을 아무리 덮고 있어도 하늘은 변화하지 않는다.

바람이 불어와 구름을 걷어 가면 푸른 하늘은 그냥 그대로다.

우리의 자성自性도 이와 같아 번뇌 망상이 아무리 일어나도

자성은 번뇌에 물들지 않는다.

무엇에 의해 변하거나 파괴되지 않는다.

저마다 자성은 순금일 뿐이다.

맑고 청정한 하늘과 같으니라.

저마다 자신의 옷 속에 보배구슬이 매여 있는데 값도 모를 보배구슬이 매여 있는 줄 모르고 하루 품삯에 끄달려 옹색한 생활을 하고 있네.

보배구슬은 변개變改하지 않고 그대로 있는데 이용하면 옹색하지 않고 윤택하련마는……

명리名利를 얻기 위해 애쓰다 보니 어느덧 해는 서산에 걸리고

한 끼의 음식을 얻기 위해 정신을 팔면 만겁의 식량을 잃게 되리라.

지금도 순금은 그대로 있는데 활용할 줄 모르니 참으로 애석한 일이다.

나무묘법연화경 제목 해제解題

나무는 불교의 전통적인 술어로서 나무석가모니불, 나무아미타불, 나무문수보살, 나무관세음보살 등 불보살의 명호 앞에 나무가 놓이게 된다.

나무는 귀명례歸命禮 혹은 귀의歸依한다, 의지한다는 뜻이며 신명身命을 의지한다는 뜻이다.

나무묘법연화경은 '묘법연화경에 귀명례합니다, 저의 신명을 묘법연화경에 의지합니다.'라는 뜻이다.

묘법妙法은 십법계十法界가 머금고 있는 불가사의한 경계이다.

불계佛界는 낱낱 구법계九法界인 중생계를 머금고 있고 낱낱 중생계는 불계를 함장하고 있으니, 말로써 드러낼 수 없고 마음으로 헤아릴 수 없으니 이름하여 묘법이라 한 것이다.

묘법이란 만 가지 법을 머금고 있기 때문에 묘법을 떠나 한 법도 존재하지 않는 것이다.

묘법이라 하는 것도 묘법이요, 묘법이 아니다 하는 것도 묘법이니 넓게는 우주를 감싸고 좁게는 바늘 끝을 용납지 않으니 묘법을 떠나 존재하는 것은 아무것도 없다.

심야묘법心也妙法, 마음이 묘법이라, 우리들 마음에 십법계를 머금

270

고 있고 일체 법을 마음이 구족하고 있다.

그러므로 마음이 곧 묘법이요, 묘법이 곧 마음이다.

연화蓮華는 중생심 가운데 이미 불성佛性을 갖추고 있으나, 번뇌에 물들지 않는 것에 비유한 것이다.

흙탕물 속에서 꽃을 피우면서 흙탕물에 더럽히지 않는 연꽃에 비유한 것이다.

온갖 번뇌가 죽 끓듯 하는 중생심 가운데서도 번뇌에 물들지 않는 불성이 구족되어 있고, 중생의 일신 가운데 법보화法報化 삼신이 구족되어 있으니, 이를 연꽃에 비유하여 연화라 한 것이다.

십법계의 당체연화當體蓮華이다.

연화는 곧 불성이다.

경經이라 함은 진리가 질서정연하게 씨줄 날줄로 융단처럼 짜여 있는 것을 의미한다.

부처님께서 설하신 모든 경전을 팔만대장경이라 하고 또한 팔만사천 법문이라 한다.

나무묘법연화경을 부연해 보면 묘법연화경에 귀명례한다는 뜻이요,

나의 신명을 묘법연화경에 의지한다는 뜻이다.

묘법연화경과 모든 부처님은 일여一如이기 때문에 묘법연화경에 귀의함이 곧 시방제불께 귀의함이 되고, 자신의 부처에 귀의함이 된다.

"나무묘법연화경" 제목을 부르는 수행은 곧 시방제불께 귀의함이

요, 자신의 부처를 깨우는 수행이 된다.

나무는 중생이요, 묘법연화경은 법본존이시다.

제목을 받아 지닌 자는 부처님을 머리에 인 자다.

이 경전을 받아 지니고 수행하고 있는 당처가 곧 도량이요, 이미 부처님의 전신이 계시는 곳이다.

묘법연화경과 부처님과 모든 보살이 일여一如라는 말씀이다.

나무묘법연화경 제목을 봉창함은 불법승 삼보에 귀의함이요, 기법일체機法一體되어 즉신성불의 대과를 성취하게 되는 것이다.

기법일체라 함은 기機는 중생의 근기를 말함이요, 법法은 법본존인 묘법연화경을 말함이니, 제목을 부르는 중생의 근기와 법본존인 묘법연화경이 일체一體가 된다는 말씀이요,

즉신성불이란 중생이 중생인 채 성불함을 말함이니, 불계즉구법계佛界卽九法界요 구법계즉불계九法界卽佛界의 도리이다.

나무묘법연화경 제목을 부르면 십법계의 불성이 다 불리워져 제목을 부르는 자에게 모여 본래부터 구족하고 있던 불성이 드러나 성불하는 것이니, 이러함을 즉신성불이라 하는 것이다.

중생이 지극한 마음으로 나무하고 법본존인 묘법연화경에 귀의하면 나무인 중생과 법본존인 묘법연화경이 일체가 되어 무상도를 얻게 되니, 법력이 강력하고 고원하기가 그지없는 것이다.

나무묘법연화경은 모든 시방제불의 실상(참모습)이요, 일체 모든 불법의 실상이며, 일체 모든 보살의 실상이다.

또 십법계의 실상이다.

숲속에 들어가면 나무는 볼 수 있어도 정작 숲은 볼 수 없다.
이와 같이 사랑하는 사람도 너무 가깝게 대하면 그 사람의 단면
은 볼 수 있어도 진면목을 볼 수 없다.
적당한 거리를 두고 볼 때 그 사람의 진면목을 바로 볼 수 있다.

꽃 중에서 담복꽃(치자과)의 향기가 가장 짙고 향기롭다고 한다.
담복꽃 향기도 계절을 거스르지 못하고 또 바람을 거스르지 못
한다.
그러나 사람의 덕향德香은 계절을 뛰어넘고 바람이 방해하지 못
한다.
그러기에 사람의 향기가 가장 뛰어난 것이다.
아끼고 사랑하는 사람일수록 적당한 거리를 두고 바라보면 더욱
더 아름다움을 발견할 수 있다.
너무 가깝게 다가가지 말지니,
소중한 사람이 가깝게 있을 때는 소중함을 느끼지 못하다가 막상
그 사람이 내게서 멀어져 갈 때 비로소 그리움과 소중함을 느끼게
된다.
향기 중에 사람의 덕향이 가장 아름답고 향기로우니라.

보현의 행을 행함

만약 어떤 이가 법화경을 받아 지니고 읽고 외우며 바르게 기억
하고 생각하며 그 옳은 뜻을 이해하고 설함과 같이 수행하면 마땅
히 알 것이옵니다.

이 사람은 보현의 행을 행하여 한량없고 가없는 모든 부처님 처소
에서 깊은 선근을 심은 것이니, 모든 여래께서 손으로 그의 머리를
어루만져 주심이 된 것이옵니다.

_「보현보살권발품」

법화경을 받아 지니고 바르게 생각하고 경전의 옳은 뜻을 이해하고
여설수행함이 곧 보현보살의 행을 행함이 된다는 경전의 말씀이다.

보현보살을 뵙고자 관觀을 함은 이행理行이요,

보현보살의 행을 행함을 사행事行이라 한다.

이행도 중요하지만 사행을 반드시 행해야 함이 보살도이며 실천
수행이다.

법화경을 받아 지니고 옳게 수행함이 곧 보현의 행이다.

문수보살의 지혜의 행도 저마다 자신이 행하고, 관세음보살의 자
비의 행도 저마다 자신이 행하고, 약왕보살의 난행고행도 저마다

자신이 행함이 곧 사행事行이 된다.

보현보살을 관觀하는 이행理行보다 실제 보살행을 실천함이 더욱 중요하다.

이행만 있고 사행이 없다면 생명력이 없는 무기력한 수행이 될 것이다.

법화경에서 말씀하신 것과 같이, 이 경을 바르게 생각하고 옳은 뜻을 이해하고 여설수행함이 보현보살의 행을 행함이 된다.

"나무묘법연화경" 제목을 부를 때가 곧 만수만행이 되니 보현보살의 행을 행함이 되고, 생명력이 팔팔 살아 생동하는 보살도가 바로 법화경을 여설수행 광선유포하는 일이다.

이 경을 받아 지닌 자는 모든 부처님을 뵈온 자요,

시방삼세제불께 공양을 드린 사람이라 하셨다.

법화행자를 시방제불께서 호념하심이 되고, 모든 보살이 수호하시며, 하늘이 따라다니며 시중을 든다고 한다.

인천人天으로부터 응당 공양을 받게 되는 것이다.

모든 불보살의 행을 능동적能動的으로 하는 행이 바로 법화경을 믿고 여설수행如說修行 광선유포廣宣流布하는 일이요,

이 경에서 퇴전하지 않는 일이다.

법화행자는 어떤 환경에서나 어떤 고난을 만났을지라도 퇴전하지 않고 정면으로 맞서야 한다.

나무묘법연화경 제목을 일심으로 부를 때 시방 불보살님의 호념護念하심을 받게 된다.

팔만대장경 중에 왜 법화경만 최고인가

법화경에 너무 고집하고 집착하는 것 아닌가.

법화경은 팔만대장경의 뜻을 모두 포용하고 융섭하고 있다.

법화경은 제불출세본회설이다.

시방삼세 모든 부처님께서 한결같이 법화경력으로 불도를 이루셨고 여래십호를 얻으셨다.

모든 부처님께서 정각을 이루신 법이 바로 법화경이다.

그러므로 법화경을 제불출세본회설이라 한다.

모든 부처님께서 세상에 출현하시는 근본이라는 말씀이다.

모든 부처님께서 이 법화경으로 성불하셨고, 모든 중생이 이 경으로 마침내 불도를 이루게 되는 것이다.

모든 불사 가운데서 가장 큰 불사가 중생으로 하여금 불도를 이루게 하는 일이다.

일체 중생이 한결같이 이 경을 신용하고는 무상도를 이루게 되는 것이다.

중생이 성불하는 법보다 더 큰 법이 어디 있겠는가.

무량의경에서 부처님께서 말씀하시기를 '사십여년四十餘年 미현진실未顯眞實'이라 선언하셨다.

사십여 년 동안 법을 설하였지만 진실을 나투지 않으셨다.

당신께서 설하신 사십여 년의 법을 스스로 진실을 나투지 않았다고 하셨다.

이 법화경 방편품에서 '정직사방편正直捨方便 단설무상도但說無上道'라고 하셨으니, 바로 곧 방편을 버리고 다만 무상도를 설하노라.

이렇게 말씀하셨는데, 지금 불자들이 부처님께서 버린 방편법에 고집하고 있는 것이 아닐까 생각한다.

사십여 년 동안 설하신 법을 방편법이라 하고 또 미현진실법이라 한다.

모든 부처님께서 처음부터 구경의 진리인 법화경을 설하시고자 하나 모든 중생들이 알아들을 근기가 없었던 것이다.

세존께서는 이를 살펴보시고 중생들의 근기를 키우기 위하여 방편으로 낮은 법을 설하시어 중생의 근기를 키우신 뒤에, 무상도인 법화경을 마지막 끝에서야 팔 년 동안 설하신 것이다.

사십여 년 설하신 모든 법이 법화경으로 인도하고자 하신 계단과 같다는 의미다.

'사십여 년 미현진실법'이 한결같이 법화경으로 이끌어 들이기 위함이니 소위 방편법이라 한다.

태양이 뜨면 별은 빛을 잃는다.

법화경 유일불승법이 유통되면 방편법인 타 경전은 빛을 잃은 별과 같다.

빛 잃은 별에 집착할 이유가 있겠는가.

오탁악세에 몸을 받는 중생들은 업장이 두텁고 죄업이 무겁고 근기는 하열하다고 한다.

마치 중병환자와 같다.

중병환자에게 가벼운 약으로는 중병을 치료할 수 없다.

법화경 대양약이 아니면 중생의 무거운 병을 고칠 수 없다.

이와 같이 법화경 이전의 모든 경전은 성불할 자도 성불 못하고,

법화경은 성불 못할 자도 성불케 하는 심심 미묘한 법이니라.

법화경은 중생 성불의 혈맥이니라.

이 경을 받아 지닌 자 성불 못함이 하나도 없다고 하셨도다.

바닷물은 온갖 물의 성품이 담겨 있다.

이와 같이 법화경은 온갖 법의 진리가 함축되어 있다.

그러므로 법화경을 신용함은 팔만 사천의 법문을 수행함이 된다.

묘법연화경은 일대사인연一大事因緣

◎ 서품序品

부처님께서 묘법연화경을 팔 년간 설하신 곳이 바로 기사굴산
이다.
기사굴산耆闍崛山을 혹은 영축산, 혹은 영산회상, 혹은 영취산이라
한다.
이 영취산은 부처님께서 머무시는 적광토寂光土를 뜻하기도 한다.
나무묘법연화경 제목을 부르는 곳이 영취산이요,
득도하는 곳이 영취산이며, 법륜을 굴리는 곳이 영취산이며, 열반
에 드는 곳이 영취산이다.
법화행자가 머문 곳이 적광토요, 부처님 계시는 곳이다.
이곳에서 중생 성불의 직도인 묘법연화경을 설하셨도다.
나무묘법연화경 제목을 일심으로 부르면 무간대성 지옥도 부서지
지 않음이 없나니, 대사 중에 대사가 아닐 수 없다.

묘법연화경은 교보살법教菩薩法, 제불호념법諸佛護念法이라,
보살을 가르치는 법이며, 모든 부처님께서 깊이 간직하시고 호념

하시는 법이다.

나무묘법연화경 제목을 부를 때 보살도를 닦는 것이요,

모든 부처님께서 항상 호념하시는 때인 것이다.

묘법연화경을 받아 지니고 수행하는 자는 진실한 불자이니,

제불께서 호념하시는 것이다.

묘법연화경력으로 모든 부처님께서 여래십호를 얻으시고, 모든 중생들을 위하여 큰 법을 설하시고, 큰 법비를 내리시고, 큰 법소라를 부시며, 큰 법북을 치시며, 큰 법의 뜻을 연설하시는 것이다.

나무묘법연화경 제목을 부를 때 부처님께서 이러한 상서로움을 나투심에 보은함이 되느니라.

◎ 방편품方便品

소위제법所謂諸法 여시상如是相 여시성如是性 여시체如是體

여시상은 환경 따라 변하는 모양이니 응신여래應身如來이시고,

여시성은 자신의 마음이니 보신여래報身如來이며,

여시체는 자신의 신체이니 법신여래法身如來라 한다.

하열하다고만 생각한 자신의 일신 가운데 법보화 삼신이 구족되어 있는 것이다.

나무묘법연화경 제목을 부를 때 이 삼신을 회복하는 때이니, 일신이 곧 삼신이요, 삼신이 곧 일신임을 깨달아 머지않아 불도를 이루리라.

모든 부처님은 오직 일대사인연一大事因緣으로 세상에 출현하심이니라.

일대사인연이란 오직 일불승一佛乘인 묘법연화경을 설하시어 중생으로 하여금 불도에 들게 하여 일체종지一切種智를 얻게 함이니라.

중생으로 하여금 부처님 지견을 열어 부처님 지견을 보게 하고, 부처님 지견을 깨달아 부처님 지견에 들게 하시고자 모든 부처님께서 세상에 출현하심이다.

나무묘법연화경 제목을 부를 때 부처님의 지견이 열리게 되고, 부처님의 지견을 보고 깨달아 부처님의 지견에 들게 됨이라.

오직 일불승으로만 부처님의 일체종지를 얻게 됨이라.

광廣을 버리고 약略을 취하고, 약을 버리고 요要를 취하고, 요를 버

리고 간심肝心을 취함이라,

간심인 나무묘법연화경 제목을 취할 때가 도래된 것이다.

사리불당지舍利弗當知 아본립서원我本立誓願

욕령일체중欲令一切衆 여아등무이如我等無異

사리불아, 마땅히 알아라. 내가 본래 서원을 세우기를

일체 중생으로 하여금 나와 평등하여 다름이 없게 함이니.

부처님의 간절한 서원은 중생들의 성불을 얼마나 간절히 바라고 계시는지 가슴이 메는 대목이다.

나무묘법연화경 제목을 부를 때 부처님과 평등한 무상도를 얻게 됨이니, 묘법행자가 부처님의 애절한 서원에 응답함이 됨이니라.

정직사방편正直捨方便 단설무상도但說無上道

바로 곧 방편을 버리고 다만 무상도를 설하노라.

바로 곧 방편을 버린다 하심은 사십여년 미현진실의 모든 방편 법을 두고 하신 말씀이요,

다만 무상도를 설한다 하심은 일체 중생 개성불도인 묘법연화경을 두고 하신 말씀이다.

나무묘법연화경 제목을 부르는 자 무상도를 얻어 일체종지를 얻는 것이다.

시방제불께서 묘법연화경을 수행하시고 무상도를 얻으셨도다.

제법종본래諸法從本來 상자적멸상常自寂滅相
불자행도이佛子行道已 내세득작불來世得作佛
모든 법은 본래부터 오면서 항상 스스로 적멸의 형상이니
불자가 이런 도를 수행하면 오는 세상에 성불하리라.

법화경 적문의 사구게이다.

모든 법이란 세상에 있다는 온갖 모든 것이며, 이 모든 것이 마음 가운데 있기 때문에 모든 법이란 곧 자신의 마음이다.

마음이 본래부터 스스로 적멸상이라 하심은 저마다 마음의 참모습의 법이니 곧 제법실상의 도리이다.

마음의 참모습은 곧 적멸상이다.

나무묘법연화경 제목을 일심으로 부르면 자신의 마음이 곧 적멸상임을 깨달을 수 있으니 자신의 진면목을 깨닫는 수행이 된다.

중생이 성불한다는 것은 항상 스스로 적멸상인 부처를 회복하는 불사이다.

만 가지 법이 있다 해도 실상으로 드는 문이다.

따라서 모든 방편법이 실상법으로 드는 계단이다.

◎ 비유품譬喩品

승차보승乘此寶乘 직지도량直至道場
보배 수레를 타고 곧바로 도량에 이르느니라.

보배 수레란 유일불승인 묘법연화경이요,
대백우거大白牛車, 흰 소가 끄는 보배 큰 수레이다.

"나무묘법연화경" 제목을 부를 때 보배의 큰 수레를 타고 곧바로
도량에 이르는 것이다.
도량이란 부처님의 처소이니 적광토寂光土가 아니겠는가.
나무묘법연화경 제목을 목에 걸고 흰 소가 끄는 보배 큰 수레를 타
고 즉신성불의 대과大果가 기다리고 있는 도량에 이른다는 말씀
이다.
묘법연화경은 중생 성불의 직도요, 중생 성불의 혈맥이다.
자부慈父로부터 흰 소가 끄는 보배 큰 수레를 양여받고도 또 삼거三
車가 필요하리요.
극대승인 묘법연화경을 받아 지니고서도 미현진실未顯眞實의 방편
법이 필요하리요.
중생 성불의 바르고 곧은길이 있는데 성불의 미로에서 헤맬 이유
가 있겠느뇨.
여의보주如意寶珠를 지닌 자가 다른 보배가 왜 필요하리요.

◎ 신해품信解品

무상보취無上寶聚 불구자득不求自得
위없는 보배 무더기를 구하지 아니해도 저절로 얻었나이다.

묘법연화경은 그야말로 무상보취이다.
따라서 나무묘법연화경 제목을 부르는 자는 무상보취를 구하지 않
아도 저절로 얻은 것이다.
부처님의 인행과덕因行果德의 공덕취功德聚를 아무런 수고스러움
없이 저절로 얻은 것이다.

나무묘법연화경 제목을 부를 때 여의보주를 얻은 것이라. 믿음은
공덕의 종자이고 불신하여 믿지 않음은 악도에 드는 인이 된다.
어리석은 아들이 아버지를 버리고 타국에 떠돌기가 십 년, 이십 년,
혹은 오십 년을 지나 우연히 아버지가 사는 집에 다다라 아버지인
줄 모르고 이십 년 동안 머슴살이하면서 거름을 치우다가, 장자인
아버지로부터 전 재산을 양여받았으니, 소위 "나무묘법연화경"이
니라.
무가보주를 물려주신 자부慈父의 은혜를 어떻게 갚을 것인가?
묘법연화경을 일체 중생의 입에다 넣어주고 귀에다 걸어줄 때 자
부의 은혜에 보은하는 길이니라.

◎ 약초유품藥草喩品

상적멸상常寂滅相 종귀어공終歸於空
항상 적멸의 모양이라 마침내 공으로 돌아가느니라.

세상에 있다는 모든 것의 참 성품(실상)을 밝히심이라.
삼라만상森羅萬象이 각각 모습이 다르지만 참모습은 항상 스스로
적멸상이요 마침내 공으로 돌아가니 소위 제법실상諸法實相이요,
중도中道이며, 이를 묘법妙法이라 함이니라.
나무묘법연화경 제목을 일심으로 부르면 저마다 참 성품을 깨닫게
됨이니라.

삼초이목三草二木, 세 가지 약초와 두 가지 나무가 하늘에서 내리는
비를 맞고 각각 성질대로 자라남과 같이 부처님의 법비를 중생이
받아들임이 각각이라.
"나무묘법연화경"은 가장 뛰어난 법비와 같아 모든 중생들이 이 거
룩한 법비로 인하여 불도를 이룸이 의심이 없도다.
마치 큰 나무가 더 자라남과 같으니라.
무량 백천 중생을 제도하면 이와 같은 보살을 큰 나무라 이름하느
니라.

◎ 수기품授記品

수授는 중생이요, 기記는 묘법연화경이다.
과거생의 묘법과 결연으로 중생의 심전心田에 하종下種의 씨앗에
의해 지금에 부처님으로부터 성불 수기를 받는 것이다.
나무묘법연화경 제목을 부르는 것은 과거생의 인에서 비롯됨이며,
이에 성불 수기를 받게 된 것이다.

여종기국래如從飢國來 흘우대왕선忽遇大王饍
굶주리는 나라로부터 와서 문득 대왕께서 내린 음식을 만남이라.

굶주리는 나라는 아귀계요,
대왕이 내린 음식이란 부처님께서 설하신 묘법연화경이라,
맛 중에 가장 뛰어난 제호醍醐이며, 다섯 글자 제목이다.
나무묘법연화경 제목을 부르는 수행은 대왕께서 내린 맛 중에 가
장 뛰어난 제호를 먹는 것이니라.

◎ 화성유품化城喩品

나무묘법연화경 제목을 부르는 자의 몸과 마음이 곧 묘법이다.

이렇게 여는 것을 화성즉보처化城卽寶處라 한다.

법화행자가 머무는 곳이 곧 보처이다.

또 화성은 구법계이고 보처는 불계이다.

화성을 지나 보처에 이른다 함은 보살도를 닦아 불도를 이룬다는 뜻이며, 오백 유순의 거리라 함은 무명번뇌이니라.

묘법행자가 거처하는 곳이 곧 도량이요 영산회상이니, 제목 다섯 자를 부르는 곳이 당처이며 보처이니라.

그러므로 화성즉보처이니라.

여금근정진汝今勤精進 당공지보소當共至寶所

너희들은 지금 힘써 정진하여 마땅히 보물 있는 곳에 같이 이르도록 하라.

나무묘법연화경 제목을 부르는 당처가 보물이 있는 곳이며, 영산회상이며, 적광토이니라.

◎ 오백제자 수기품五百弟子授記品

무가보주無價寶珠 계기의리繫其衣裏
값도 모를 보배구슬을 그의 옷 속에 매어 주었으니,

값도 모를 보배구슬이라 함은 나무묘법연화경이며 제목을 부르는
자의 지혜이니라.
보배구슬은 우리들의 일심이요, 일념삼천一念三千의 심법이요, 묘
법연화경이니라.
오탁악세 말법시 여의보주如意寶珠인 묘법연화경을 받아 지닌 자
진정한 부처님의 아들이니라.
나무묘법연화경 제목을 부르는 자, 십계호구十界互具 백계천여시百
界千如是 일념삼천一念三千의 보주를 구족했노라.

◎ 수학무학인기품授學無學人記品

학學이란 지혜가 부족함이요, 무학無學이란 지혜가 있음이다.

나무묘법연화경 제목을 일심으로 부를 때 지혜를 얻게 됨이라.

또 학과 무학의 차별이 없이 성불 수기를 받게 됨이라.

이 품에서 학·무학 성문제자 이천 사람이 한결같이 성불 수기를 받게 됨은 모두 묘법연화경력이니라.

지자든 우치자든 묘법연화경 수행의 인으로 부처님으로부터 성불 수기를 받음이니라.

◎ 법사품法師品

법法이란 온갖 모든 것 즉 제법이고, 사師란 제법의 스승이다.
나무묘법연화경 제목을 자신이 부르고 또 남의 입에다 넣어주고
귀에다 걸어주는 사람은 법사 중에 가장 큰 법사이다.
법이란 제목 다섯 자이고, 사란 제목을 부르는 자이다.

일념수희자一念隨喜者 아개여수기我皆與授記
묘법연화경을 한 게송 한 구절이라도 듣고 한 생각 따라 기뻐하는
자에게 내가 또한 아뇩다라삼먁삼보리의 수기를 주노라.

한 생각 따라 기뻐한다 함은 일념삼천의 도리를 열어 얻는 깨달음
이며, 나무묘법연화경 제목을 부르는 자의 일념삼천이요, 일념수희
자이니라.
범부의 하천한 몸일지라도 묘법연화경을 믿고 따르면 무상도를 얻
게 됨을 수기하시는 말씀이니라.

이불장엄以佛莊嚴 이자장엄而自莊嚴
부처님의 장엄으로 이에 스스로 장엄함이니라.

나무묘법연화경 제목을 부르는 자 부처님의 장엄으로 스스로 장엄
함이니라.

묘법행자는 부처님을 어깨에 메고 진 자이며, 이 사람은 부처님의
심부름꾼이며, 여래의 일을 행하는 자이니라.
여래와 동행하는 자이니라.

응입여래실應入如來室 착어여래의著於如來衣
이좌여래좌而坐如來座 처중무소외處衆無所畏
광위분별설廣爲分別說
응당 여래의 방에 들어가 여래의 옷을 입고
여래의 자리에 앉아 이 가운데서 두려움 없이
널리 분별하여 설하라.

대자비가 방이 되고, 유화인욕은 옷이 되며, 모든 법이 공함이 자리
이니라.
나무묘법연화경 제목을 부를 때 여래의 방에 들어가 여래의 옷을
입고 여래의 자리에 앉는 것이니라.

◎ 견보탑품見寶塔品

보정세계寶淨世界는 나무묘법연화경 제목을 부르는 자의 세계이
니라.

묘법연화경이 곧 보정세계이므로 법계 중생의 태胎 속이 모두 청정
무구淸淨無垢 세계이다.

땅으로부터 솟아나온 보배 탑과 묘법연화경과 일체 중생이 곧 묘
법연화경이니라.

다보불은 법신불을 나투심이요,

석가모니불은 보신불을 나투심이요,

분신불은 응신불을 나타내심이라.

일신즉삼신一身卽三身 삼신즉일신三身卽一身이시다.

편의상 이렇게 해석한 것뿐이다.

탑이 땅으로부터 솟아남은 불멸不滅의 도리요,

자리를 나누어 나란히 함께함은 불생不生의 도리요,

탑 속에 드심은 불상不常의 도리며,

탑을 나투심은 부단不斷의 도리며,

분신불은 불일不一의 도리며,

전신을 보이심은 불이不異의 도리며,

다보불께서 자리를 양보하심은 불래不來를 표하심이며,

석가세존께서 탑 속의 반좌에 앉으심은 불출不出을 표시함이라
한다.

이렇게 팔불八不의 도리가 분명하니 그러므로 진실인 것이다.

탑이 땅으로부터 솟아나와 공중에 머문다 함은, 땅은 무명無明의 심지心地이니 무명을 깨치면 머무는 바가 없는 것으로 중도실상中道實相에 머무는 것이다.

나무묘법연화경 제목을 부르는 자는 차경난지此經難持의 경을 받아 지닌 자이며 육바라밀을 행하는 자이다.

차경난지 게송에 육바라밀을 행하는 도리가 담겨 있느니라.

◎ 제바달다품提婆達多品

제바달다는 무간 대성에 떨어진 오역 죄인이고, 이 품에 나오는 팔세 용녀는 축생계이니라.

묘법연화경력으로 제바달다는 천왕여래 기별 받고, 팔세 용녀는 돈초성불頓超成佛함이라.

제바달다 성불은 번뇌즉보리煩惱卽菩提를 나타냄이요, 용녀 성불은 생사즉열반生死卽涅槃을 나타냄이니라.

지옥과 축생이 성불함은 불계즉구법계佛界卽九法界 구법계즉불계九法界卽佛界의 도리이니, 나무묘법연화경 제목을 부름으로 즉위질득卽爲疾得 무상불도無上佛道를 얻느니라.

용녀에게 하나의 보배구슬이 있었으니 값이 삼천대천세계만 한 것이라, 부처님께 올리니 부처님께서 이를 받으심이라.

보배구슬이란 묘법연화경이요, 묘법을 수행한 공덕이니라.

결국 유일보주有一寶珠는 나무묘법연화경 제목이니, 색심불이色心不二이기 때문이니라.

◎ 권지품勸持品

권勸은 화타化他이고, 지持는 자행이라.

나무묘법연화경 제목을 부르는 자 화타 자행이니라.

묘법을 자신이 수행함은 자리自利이고, 여러 사람들에게 묘법으로

인도함은 이타利他이니, 이를 권지勸持라 하느니라.

아불애신명我不愛身命 단석무상도但惜無上道

저희는 신명을 사랑하지 않고 다만 무상도를 아끼오리다.

아我는 묘법행자요, 신身은 색법이요, 명命은 심법이라.

이 몸과 마음을 아끼지 않고 다만 무상도인 묘법을 아끼오리다.

나무묘법연화경 제목을 부를 때가 불석신명不惜身命이니라.

무상도란 바로 묘법연화경이니라.

불자지아심佛自知我心, 부처님 저희 마음을 살피옵소서.

묘법을 떠나 무상도는 없느니라.

법은 무겁고 신명은 가벼우니라.

◎ 안락행품安樂行品

나무묘법연화경 제목을 일심으로 부르는 수행이 곧 안락행이다.
십계호구十界互具 일념삼천一念三千 신구의身口意 서원誓願,
이 모두가 묘법연화경 수행이고 안락행이니라.
안락행 당체가 나무묘법연화경 제목이니라.

차법화경此法華經 능령중생能令衆生 지일체지至一切智
이 법화경은 능히 중생으로 하여금 일체종지一切種智에 이르게 하
느니라.

나무묘법연화경으로 부처님의 지혜인 일체종지에 이르게 되느
니라.

차법화경此法華經 시제여래是諸如來 제일지설第一之說
이 법화경은 모든 여래의 제일의 설법이니라.

부처님께서 설하신 팔만 사천 법장 가운데서 가장 제일이니,
소위 나무묘법연화경이니라.
중생 성불의 혈맥血脈이니라.

여피강력지왕如彼强力之王 구호명주久護明珠 금내여지今乃與之

저 강력한 왕이 밝은 구슬을 오랫동안 보호하다 지금에 주는 것과
같으니라.

강력한 왕은 세존이시고, 밝은 구슬은 나무묘법연화경 제목이
니라.
전륜성왕이 오랫동안 보호하던 밝은 구슬을 전쟁에 공이 있는 자
에게 내리는 것과 같이, 부처님께서 오랫동안 깊이 간직하시던 묘
법연화경을 뒤끝에야 설하시는 것이다.

◎ 종지용출품從地涌出品

종지용출품은 모두가 본화보살의 일이니라.

본화보살의 지은 바 일은 나무묘법연화경이니라.

이들 본화보살은 일체 중생을 영산정토로 인도하는 도사導師이며, 말법시에 묘법을 받아 지니고 널리 유포하는 자를 본화보살이라 함이니라.

이들 본화보살 소지품이 곧 나무묘법연화경 제목이니라.

경에 네 도사가 있다고 하심은 열반사덕涅槃四德을 의미한다고 하니 상행보살은 아덕我德을 의미하고, 무변행보살은 상덕常德을 의미하고, 정행보살은 정덕淨德을 의미하고, 안립행보살은 락덕樂德을 의미함이라.

말법시 나무묘법연화경 제목을 부르는 자는 모두가 본화지용보살의 유형이니라.

본화보살들의 본래 머물던 곳은 하방 공중이라. 하방 공중은 중도실상中道實相이니 적광토寂光土인 것이다.

나무묘법연화경 제목은 본화보살이 소유한 법이라.

그러므로 지용본화라 하느니라.

석가세존께서 구원겁久遠劫부터 길러 오신 태초보살이며,

나무묘법연화경 제목을 목에 걸고 오탁악세가 도래되었으니

여기저기에서 솟아나와

중생들의 귀에다 걸어주고 입에다 넣어줄 것이니라.

◎ 여래수량품如來壽量品

여래如來는 시방삼세 모든 부처님의 통일된 명호이시다.
수량壽量이란 부처님의 수명의 양을 헤아림이니, 시방삼세 모든 부처님의 공덕을 헤아린다는 뜻이다.
여래수량품은 시방삼세 모든 부처님께서 깨달으신 구경의 진리이다.
수량품을 천번 만번 믿고 읽고 외우면 수량품의 장구한 여래의 수명이 십법계十法界의 본 수명임을 깨닫게 될 것이다.
여래수량품이 모두의 사연이며 자신의 일기장 속의 사연임을 깨닫게 될 것이다.
수량품의 진리를 깨달음을 본각本覺이라 하고 본문이라 하며, 소위 나무묘법연화경 제목을 받아 지닐 때 본유무작삼신불本有無作三身佛이니, 경에서 아실성불이래我實成佛已來라고 하셨느니라.

여래비밀如來秘密 신통지력神通之力
비밀이란 일신一身이 곧 삼신三身임을 비秘라 일컫고,
삼신이 곧 일신임을 일러 밀密이라 한다.
또 예전에 설해지지 않았음을 일러 비라 하고,
오직 부처님만이 스스로 아시는 일을 밀이라 한다.
신통지력이란 삼신의 용用이시다.
신神은 천연부동의 진리이니 곧 법신이요,

통通은 막힘없는 불가사의한 지혜이니 곧 보신이요,

력力은 중생구제의 활동이 자재함이니 응신이시다.

나무묘법연화경 제목을 부르고 성불함이 곧 여래비밀 신통지력
이다.

중생 성불 이외는 여래비밀 신통지력은 없다.

여래비밀은 곧 구체삼신俱體三身인 본불님 당체이시고,

신통지력은 구용삼신俱用三身인 중생 제도하심이 끝이 없는 응신불
당체이시다.

아실성불이래我實成佛已來 무량무변無量無邊

백천만억百千萬億 나유타겁那由他劫

내가 진실로 성불하여 옴이 무량무변 백천만억 나유타 겁이니라.

여기서 아我는 석가세존이시며, 또 십법계의 아我이고, 저마다 자신
의 아我이다.

실實이란 본구무작삼신本具無作三身의 부처라고 정하는 것을 실實이
라 한다.

성成이란 연다는 뜻이니, 법계 무작삼신의 부처라고 여기는 것이다.

불佛이란 이를 깨달아 아는 것을 말하고, 이已란 과거이며, 래來는
미래이다.

과거와 미래 가운데 현재가 있느니라.

나무묘법연화경 제목을 부르는 자 본구무작삼신을 깨달아 여래수

량품의 주인공主人公이 되느니라.

아본행보살도我本行菩薩道 소성수명所成壽命
금유미진今猶未盡 부배상수復倍上數
내가 본래 보살도를 행하여 이룬 바 수명은
지금도 오히려 다하지 않았으며 다시 위의 수보다 배이니라.

적문迹門에서는 구법계 중생이 갖추고 있는 불계를 설하셨고, 이
에 반해 본문本門에서는 불계가 갖추고 있는 중생계를 나투신 말씀
이다.
이러함이 중생계즉불계衆生界卽佛界 불계즉중생계佛界卽衆生界이다.
여래수량품에 부처님의 장구한 수명이 곧 중생계의 본명本命이다.
이렇게 깨달음을 본각本覺이라 하고 본문本門이라고 한다.
소위 나무묘법연화경 제목을 부르는 자의 수명이요,
일체 중생의 본유의 것이며,
경에서 아실성불이래我實成佛已來, 내가 진실로 성불해 옴이라고 하
심이 곧 법화행자의 사연이다.

여래여실지견如來如實知見 삼계지상三界之相 무유생사無有生死
여래는 삼계의 상을 실상實相과 같이 보고 알아 생사가 있음이
없어……

수량품을 밝은 눈으로 보면 십계본유의 사연임을 여실히 보고 아느니라.

삼계지상이란 생노병사이며 본유생사本有生死이고,

생사가 있을 수 없다 하심은 무유생사無有生死이다.

나무묘법연화경 제목을 봉창할 때 본유생사 본유퇴출이라 깨닫느니라.

무유생사無有生死는 무작의 보신報身이요,

본유생사本有生死는 무작의 응신應身이요,

여래여실如來如實은 무작의 법신法身이니라.

이 삼신이 나의 일신이며, 일신즉삼신一身卽三身을 여래비如來秘라 이름하고, 삼신즉일신三身卽一身은 여래밀如來密의 뜻이니라.

여래소연경전如來所演經典 개위도탈중생皆爲度脫衆生

혹설기신或說己身 혹설타신或說他身 혹시기신或示己身

혹시타신或示他身 혹시기사或示己事 혹시타사或示他事

여래가 연설한 바 경전은 모두 중생을 제도하기 위함이니,

혹은 자기의 몸으로 설하고, 혹은 남의 몸으로 설하며, 혹은 자기 몸을 보이기도 하고

혹은 남의 몸을 보이며, 혹은 자기 일을 보이고, 혹은 남의 일을 보이되…….

여래수량품 육혹이라, 여래께서는 온갖 몸으로 법을 설하시기도

하고, 온갖 몸을 보이시기도 하고, 혹은 온갖 몸으로 불사를 짓기도 한다는 말씀이다.

나무묘법연화경 제목을 부르는 자는 부처님과 같이 중생 제도함이 끝이 없어야 함이니라.

비실비허非實非虛 비여비이非如非異

불여삼계不如三界 견어삼계見於三界

진실도 아니고 허망함도 아니며 같은 것도 아니고 다른 것도 아니고 삼계에서 보는 삼계와 같지 않느니라.

중도실상中道實相의 도리를 밝히신 말씀이다.

중도실상은 양변兩邊을 여읜 것이며, 선과 악과 옳고 그름과 이것과 저것 양변을 여의되 융섭 못함이 없어, 마치 허공이 온갖 모든 것을 수용하되 걸림 없는 것과 같으니라.

나무묘법연화경 제목을 받아 지닌 자의 사연이니라.

색향미미色香美味 개실구족皆悉具足

도사화합擣篩和合 여자영복與子令服

색과 향기와 아름다운 맛을 모두 다 갖춘 약초를

찧고 체로 쳐서 배합하여 자식들에게 주어 먹게 함이라.

색과 향기와 아름다운 맛이란 계정혜戒定慧 삼학이며, 도擣는 공제

空諦이고, 사篩는 가제假諦이고, 화합和合은 중제中諦이다.

색향미미色香美味 개실구족皆悉具足이라 함은 만수만행萬修萬行 모든 바라밀波羅蜜을 구족한 대양약인 나무묘법연화경 제목이니라.

묘법의 대 양약을 복용함으로써 탐진치貪瞋癡 삼독을 제거함이니라.

중생 성불의 감로의 대 양약은 결정코 나무묘법연화경 제목이니라.

자아득불래自我得佛來 소경제겁수所經諸劫數

무량백천만無量百千萬 억재아승지億載阿僧祇

내가 스스로 성불한 이래 지나온 바 모든 겁수는

한량없는 백천만억 아승지 겁이니라.

자自는 구법계요, 아我는 불계이니라.

자아는 십법계이니, 본유무작삼신本有無作三身으로 부처라 함이라.

나무묘법연화경 제목을 부르는 사람의 자아득불래이고 묘법행자의 자아게이니라.

자아득불래는 제목을 부를 때 성취하는 구경의 진리이니라.

자아득불래는 시방삼세 모든 부처님의 정요精要이고 혈맥血脈이며 혼魂이라,

제불의 수명이요 생명이니라.

자아득불래는 우리 모두의 사연이요 불사佛事이니라.

일심욕견불一心欲見佛 부자석신명不自惜身命
시아급중승時我及衆僧 구출영취산俱出靈鷲山
일심으로 부처님을 뵙고자 스스로 신명을 아끼지 아니하면
이때 나와 또 여러 승려가 함께 영취산에 나오느니라.

나무묘법연화경 제목을 일심으로 부를 때 부처님과 여러 보살이
현전하는 때이니라.
제목을 부를 때 부처님과 더불어 모든 보살을 뵈옵는 것이니라.
이 경전이 머무는 곳이 곧 영취산이요, 적광토이니라.
제목을 일심으로 부를 때가 부자석신명 하는 때이니라.
신명은 가볍고 법은 무겁느니라.

매자작시의每自作是意 이하령중생以何令衆生
득입무상혜得入無上慧 속성취불신速成就佛身
매양 스스로 이런 생각을 하되 어떻게 하여야 중생으로 하여금
위없는 지혜에 들어감을 얻어 부처님 몸을 빨리 이루게 할까 하
노라.

자아게 마지막 게송이다.
부처님 세존께서 중생 성불을 간절히 바라시는 게송이다.
나무묘법연화경 제목을 부를 때 무상도에 들게 되는 때이다.
본유무작삼신本有無作三身의 도리는 나무묘법연화경으로 깨닫게 되

느니라.

여래수량품은 십법계 본유의 사연이며, 무상혜는 본유무작삼신을 깨닫는 것이며 이것이 속성취불신 하는 일이니, 나무묘법연화경을 부를 때 속성취불신하게 되느니라.

◎ 분별공덕품分別功德品

본유무작삼신本有無作三身, 여래의 장구한 수명을 믿고 이해한 공덕을 분별함이라.

분별함이란 믿고 이해한 근기가 각각이기 때문에 분별한다 함이니라.

공덕이란 십법계의 본유인 나무묘법연화경이니라.

일념신해一念信解한 사람의 공덕은 한량없으며, 신信이 있는 곳에 해解가 있고, 해가 있는 곳에 신이 있느니라.

믿고 이해함이 성불을 결정하는 단초이니라.

나무묘법연화경 제목을 받아 지님이 곧 일념신해이니라.

일념신해의 공덕이 다섯 바라밀을 닦은 공덕보다 백천만 배 더 수승함이라.

여래의 수명이 장구함을 믿고 이해한 자는 진실한 불자佛子이며, 묘법의 본지本地에 머무는 것이며, 부처의 수용受用의 몸이니라.

수량품 안의 여래의 수명은 십법계의 수명이며, 십법계 본유수명本有壽命을 일념신해한 자의 공덕은 무량함이라.

독송수지지자讀誦受持之者 사인즉위斯人則爲 정대여래頂戴如來
읽고 외우며 받아 지니는 자는, 이 사람은 곧 여래를 머리에 인 것이 되느니라.

나무묘법연화경 제목을 부르는 자는 여래를 머리에 인 자이며, 여래와 같이 동행하는 바이니라.

여래의 공덕 장엄으로 스스로를 장엄함이니라.

◎ 수희공덕품隨喜功德品

나무묘법연화경 제목 받아 지니고 따라 기뻐함을 수희라고 하나니, 수隨란 신信의 다른 이름이라,

신심이 있어야 수희심이 일어나기 때문이다.

나무묘법연화경 제목을 부를 때 반드시 본구무작삼신本具無作三身의 부처로 함이 수희라 하고, 수량품의 내증內證하고 수순함을 수희라 한다.

묘법연화경을 믿고 따라 기뻐한 공덕을 설함이라, 오십 인의 전전 수희공덕을 분별하였으며, 오십 인이란 일체 중생이며 나무묘법연화경 제목 받아 지니고 전전함이 곧 수희공덕이니라.

◎ 법사공덕품法師功德品

법사란 오종법사(수지·독·송·해설·서사)이고, 공덕이란 육근청정을 얻는 과보이다.

나무묘법연화경 제목을 부르는 자의 육근청정이니라.

악을 멸하고 선을 증장함을 공덕이라 한다.

공덕이란 본구무작삼신本具無作三身을 깨닫는 것이며, 묘법을 여설수행如說修行함으로써 육근청정을 얻게 되는 것이니라.

법화경을 받아 지니고 수행하면 팔백의 눈의 공덕과 천이백의 귀의 공덕과 팔백의 코의 공덕과 천이백의 혀의 공덕과 팔백의 몸의 공덕과 천이백의 뜻의 공덕을 얻으리니,

나무묘법연화경 제목을 부르는 자 육근 청정의 공덕을 얻느니라.

본래본유本來本有의 육근 청정을 회복하느니라.

개여실상皆與實相 불상위배不相違背

모두 실상과 더불어 위배되지 않으며

나무묘법연화경 제목을 부를 때 모두 실상과 더불어 어긋나지 않느니라.

법화행자가 속세간의 경서와 세상을 다스리는 말과 살림하고 생활함을 말할지라도 정법에 순응하리라.

법화경을 수행하는 법사가 육근 청정을 얻은 과보이니라.

◎ 상불경보살품常不輕菩薩品

불경不輕이란 일체 중생의 내증소구內證所具의 삼인불성三因佛性을 가리키는 것이며, 불성佛性이란 법성法性이며, 법성이란 묘법연화경이니라.

불성도 불신佛身도 본구당체本具當體의 색심色心이므로 상불경보살이 기뻐함이니라.

개당작불皆當作佛은 바로 나무묘법연화경의 종자種子에 의함이니라.

과거에 상불경보살은 현세에 석가세존이니라.

석가세존은 여래수량품의 교주敎主이시고 모든 법화행자의 사주師主이시니라.

이러함으로 지금 나무묘법연화경 제목을 사람들의 귀에다 걸어주고 입에다 넣어주는 법화행자가 곧 상불경보살과 다를 바가 없느니라.

◎ **여래신력품**如來神力品

여래란 여래수량품의 여래이시고, 신력이란 묘법연화경을 부촉하
시기 위해 열 가지 신통력을 나투시는 것이며, 상행보살 등 본화보
살에게 묘법연화경 다섯 자를 부촉하심이라.

신력은 십법계의 신력이며, 범부는 체體의 신력이며, 삼세제불은
용用의 신력이니라.

신神은 심법心法이고, 력力이란 색법色法이며 묘법의 신력이므로 십
법계의 신력이니라.

석가세존의 신력은 묘법연화경을 부촉하기 위한 신력이니, 소위
묘법연화경의 신력이며 십법계의 개성불도의 법을 부촉하기 위한
신력이니라.

상행보살 등 지용본화들에게 묘법연화경을 부촉하시기 위하여 문
수사리보살 등 한량없는 대중 앞에서 열 가지 신통력을 나투시니
여래신력품이라 한 것이다.

합장향合掌向 사바세계娑婆世界 작여시언作女是言
나무석가모니불南無釋迦牟尼佛 나무석가모니불南無釋迦牟尼佛
사바세계를 향하여 합장하고 이와 같은 말을 하되,
"나무석가모니불", "나무석가모니불" 하고 외침이라.

모든 하늘의 허공 가운데서 높은 소리로 외치는 것은 석가모니 부

처님께서 사바세계란 국토에서 묘법연화경을 설하심에 따라 기뻐하고 부처님께 예배하고 공양함이니라.

이는 곧 '나무묘법연화경, 나무묘법연화경' 제목을 봉창함과 같으니라.

왜냐하면 인법일여人法一如의 도리이기 때문이다.

석가모니 부처님과 묘법연화경이 일여이니라.

결요사구決要四句

결요사구라 함은 결정적이고 요긴한 법화경 네 게송을 말한다.

여래일체如來一切 소유지법所有之法

여래일체 소유지법이란 온갖 모든 것이 모두 불법이라는 뜻이다.

일체가 다 묘명妙名임을 맺는 말씀이다.

묘명은 묘법妙法의 이름이다.

법화경을 받아 지닌 자는 부처님 몸을 받아 지닌 자가 된다.

법을 받아 지닌 자는 곧 나를 본 것이라 하셨다.

이러함을 인법일여人法一如의 도리라 한다.

인본존인 모든 부처님과 법본존인 묘법연화경이 둘이 아니라 하나임을 인법일여라 하니, 나무묘법연화경 제목을 봉창함이 곧 인법일여의 도리이다.

여래일체如來一切 자재신력自在神力

여래일체 자재신력이란 여래께서는 온갖 모든 것에 통달 무애하시어 걸림이 없고 막힘이 없다.

법을 설하시어 중생을 제도하심이 자재하시니 이는 곧 묘용妙用을 맺는 말씀이다.

본문本門에서는 근성신近成身에 얽힌 의혹을 끊어 구원신久遠身의 본불本佛에 대한 신심과 이해를 일으키게 하는 것이 묘용妙用이다.

이 경을 받아 지닌 자는 곧 나와 분신불과 다보불을 다 기쁘게 한다.

제목을 봉창함이 자재신통력이다.

여래일체如來一切 비요지장祕要之藏

비요지장이란 지금까지 밝히지 않고 있던 법을 이 경에서 비로소 드러내어 밝히심이다.

구원겁 전에 성불하신 본불님 당체이시다.

비요지장이란 온갖 곳에 두루 미쳐 모두가 실상實相이라 함이니, 이는 묘체妙體를 맺는 말씀이다.

묘체妙體는 묘법의 본체이며 본체는 곧 실상이다.

부처님 도량에 앉아 얻으신 비밀의 법을 이 경을 받아 지닌 자 오래지 않아 얻게 되리라,

이러함이 비요지장이다.

나무묘법연화경 제목을 봉창함이 비요지장이다.

여래일체如來一切 심심지사甚深之事
심심지사란 중생을 제도 해탈케 하는 깊고 깊은 불사佛事이다.

인과因果가 깊고 깊은 일이니, 이는 묘종妙宗을 맺는 말씀이다.
실상의 도리를 수행함이 인因이고, 실상에 도달함이 과果이다.
묘종이란 묘법의 요점이니, 인과因果가 묘종이다.
이 경을 받아 지닌 자는 모든 법의 뜻과 글자의 이름과 말씀을 즐겨
설하여 다함이 없다 하심이 심심지사를 밝히심이니, 법을 설하여
중생으로 하여금 어둠을 깨고 일승법에 들게 함이니, 나무묘법연
화경 제목을 부르는 일이 곧 심심지사이다.

개어차경皆於此經 선시현설宣示顯說
모두 이 경에서 펴 보이고 나타내어 설하노라.

여래의 일체 가지신 법과
여래의 일체 자재하신 신통력과
여래의 일체 비밀 되고 요긴한 법장과
여래의 일체 심히 깊은 일을
이 법화경에서 모두 밝히시고 설하셨다는 말씀이다.
결요사구 속에 전체 경전의 뜻이 함축되어 있다는 뜻이다.
팔만 사천 법문의 요긴한 점을 취해 중생들에게 심어 주심이니 이
는 묘교妙敎를 맺는 말씀이다.

나무묘법연화경 제목이 묘교이다.

어아멸도후於我滅度後 응수지사경應受持斯經
시인어불도是人於佛道 결정무유의決定無有疑
내가 멸도한 뒤에 응당 이 경을 받아 지니어라.
이런 사람은 불도에 이르기 결정코 의심이 없느니라.

결요사구訣要四句의 원리에 의해 나무묘법연화경 제목을 봉창하고
제목을 받아 지닌 자, 성불이 결정코 의심이 없다는 자부慈父의 금
언金言의 게송이니라.
시방제불의 일대사一大事가 모두 이 경에 속함이니라.
제목 속에 명체종용교名體宗用敎의 오중현의五重玄義가 담겨 있느
니라.

◎ 촉루품嘱累品

촉嘱은 부처님에 의해 부촉된다는 뜻이요,

루累는 너희들 번거롭다 하여도 널리 전파해야 한다는 뜻이다.

이는 부처님의 뜻에 따라 이름을 얻음이니 촉루라 한 것이다.

또 촉은 부탁한 법을 정수頂受한다는 뜻이요,

루는 달게 여겨 수고롭다 여기지 않는다는 뜻이다.

이는 보살이 공경이 따르는 모습을 좇아 이름을 얻음이니, 그러므로 촉루라 한다.

또 촉嘱은 여래께서 금구金口로 부탁하신 뜻이요,

루累는 보살이 성심誠心으로 받아 걸머진다는 뜻이다.

부처님께서는 묘법연화경을 부촉하시고 모든 보살은 이를 지극한 정성으로 받아 지니니, 둘을 하나로 하여 논함이니

그러므로 촉루품이라 한다.

결국 부처님으로부터 물려받은 나무묘법연화경은 무가보주의 법체이니, 본화보살의 소지물인 것이다.

◎ 약왕보살본사품藥王菩薩本事品

이 품은 부처님께서 멸도하신 후 약왕보살이 법화경의 광선유포를 밝히신 품이다.

열 가지 비유를 들어 법화경이 가장 위없는 법이라 함이라.

십유는 십법계十法界이니라.

십법계를 열거하여 법화경이 제일이라 함은 나무묘법연화경 제목이니라.

중생들로 하여금 발고여락拔苦與樂함이니, 중생을 고통에서 빼내고 즐거움을 주는 것이니 일념삼천一念三千 법문이니라.

본문수량의 혜안慧眼이 열리고 보면 본래본유本來本有의 병통고뇌病通苦惱임이 분명해지니, 우리들의 생사는 지금 시작된 생사가 아니라 본래 본유의 생사이니라.

나무묘법연화경 제목을 봉창하는 자는 병이 즉 소멸하여 불로불사不老不死함이니라.

말법시 묘법연화경을 불석신명不惜身命하여 수행함이 곧 연신공양이 되느니라.

◎ 묘음보살품妙音菩薩品

묘음보살은 십법계를 나투신다.

묘妙란 불가사의하고, 음音이란 일체 중생이 발성하는 언어 음성이 곧 묘음妙音이며, 묘법행자의 음성이 삼세 상주의 묘음이니라.

나무묘법연화경 제목을 부르는 자의 음성이 곧 불가사의 묘음보살의 음성이니라.

번뇌즉보리煩惱卽菩提 생사즉열반生死卽涅槃임으로 묘음이니라.

묘음보살은 법화경을 광선유포하는 보살이니, 삼십육응신三十六應身을 나투시어 십계호구十界互具로 설법하여 중생을 이롭게 하느니라.

묘음이 묘법이므로 십법계의 음성이 모두 묘음이니라.

따라서 나무묘법연화경 제목을 부르는 음성이 묘음이니라.

팔만사천칠보발八萬四千七寶鉢

묘음보살이 운뢰음왕 부처님께 팔만 사천의 칠보로 된 발우를 공양 올림이니라.

나무묘법연화경 제목을 받아 지닌 자는 팔만 사천의 칠보 발우를 삼세제불께 공양드림이라.

왜냐하면 나무묘법연화경 제목을 부르는 곳에 팔만 사천의 법문이 나타나기 때문이니라.

법화삼부경의 한 자 한 자 문자가 팔만 사천이니라.

◎ 관세음보살보문품觀世音菩薩普門品

관세음은 인人이요, 보문普門은 법이라.

인人과 법으로 제목을 삼았으니 관세음보살보문품이라 한다.

관세음이란 세상의 모든 중생의 음성을 듣는 사람을 가리킨다.

보문이란 넓은 문을 열어놓고 있다는 뜻으로 관세음보살의 덕을 찬탄하는 말씀이므로 법인 것이다.

관세음이란 대비로 중생들을 괴로움에서 건져줌이니 백천 고뇌에서 해탈케 한다.

보문普門이란 대자로 중생들에게 즐거움을 주는 일이니 제도 받을 근기 따라 법을 설한다.

관세음이란 지혜장엄이니 지혜가 미혹을 끊음이 빛이 어둠을 없애는 것과 같다.

보문이란 복덕장엄이니 착한 선근을 심는 일이 넓은 문과 같다.

관세음이란 약수왕이니 무슨 병이든 고치는 데 비유하고, 보문이란 여의주왕이 구함에 따라 무엇이든 주는 것에 비유한다.

관세음이란 진여眞如의 밝은 지혜요, 보문이란 지혜를 일으키는 조건이 되는 온갖 선행이다.

결국 관세음보살의 대자대비의 덕행이 십법계의 덕행이니,

나무묘법연화경 제목을 부르는 자의 덕행이다.

진관眞觀 청정관淸淨觀 광대지혜관廣大智慧觀 비관悲觀

자관 등 관세음보살의 다섯 가지 관은 공空·가假·중中 삼관三觀이
니, 나무묘법연화경 제목을 봉창하는 자는 공·가·중 삼관을 통달
하느니라.

◎ 다라니품陀羅尼品

다라니를 총지總持라 번역하니 설해진 법을 모두 기억하고, 악이
일어나지 않으며 선이 상실되지 않는다.
능히 선을 유지하고 악을 막음에 이른다.
오로지 다라니로 법을 지키게 하시니,
나무묘법연화경은 다라니 중에 대다라니이니라.
중생을 불도에 들게 하는 대다라니이니라.
나무묘법연화경은 성불의 대진언이니라.
다라니주陀羅尼呪는 법을 지키고 법화행자를 수호하는 부처님의 밀
어密語이시다.
만약 호법선신들이 법화행자를 수호하지 않는다면 위로는 모든 부
처님을 속임이요, 아래로는 법계 모든 중생을 속임이라.
몸에 그림자가 따르듯이 나무묘법연화경 대다라니를 받아 지닌 자
를 호법선신들이 밤낮으로 수호하고 옹호하리라.

◎ **묘장엄왕본사품** 妙莊嚴王本事品

묘장엄이란 묘법의 공덕으로 모든 근根을 장엄하게 함이다.
과거생에 묘법을 같이 수행하던 도반이 금생에 한 가족이 되어 법화경을 믿고 수행함에 묘장엄왕은 성불 수기를 받게 된다.

일안지구一眼之龜 치부목공値浮木孔
한쪽 눈의 거북이가 바다에 떠 있는 널빤지 나무 구멍을 만나는 것과 같이 불법 만나기가 어렵다고 한다.
숙세의 선근으로 인하여 금생에 불법을 만난 것이다.
여기서 애꾸눈 거북이는 일체 중생이고, 바다에 떠 있는 널빤지 나무 구멍은 나무묘법연화경이다.
생사의 망망대해에서 바다에 뜬 나무 구멍을 만나기란 어렵고 어려운 일이다.
억억만 겁이 지나서야 겨우 한 번쯤 만날 수 있는 묘법이라 하셨다.
나무묘법연화경 제목을 부르는 자 망망대해에 뜬 나무 구멍을 만난 것과 같으니라.

◎ 보현보살권발품普賢菩薩勸發品

보현보살을 변길보살이라고도 한다.

더럽고 악한 세계에서 보살행을 실천하여 그 세계를 청정하게 하리니, 나의 행은 반드시 온갖 보살보다 뛰어나리라.

그러므로 보장불寶藏佛께서 이르시기를, 이런 인연으로 하여 이제 너의 이름을 보현이라 하라 하셨다 한다.

권발勸發이란 권은 화타化他이고, 발은 자행自行이며, 보普는 제법실상의 변함없는 진여眞如의 이치이며, 현賢이란 지혜의 뜻이니, 나무묘법연화경 제목을 부르는 자 곧 보현보살의 행이니라.

시인명종是人命終 위천불수수爲千佛授手

법화행자가 명을 마칠 때 일천 부처님께서 손길을 주시어 두렵지 않게 하신다는 말씀이다.

천불千佛이란 천여시千如是의 법문이다.

법화행자를 천 부처님께서 맞이하시니, 나무묘법연화경 제목을 부르는 자 부처님께서 손길을 주심이 의심이 없느니라.

차인불구此人不久 당예도량當詣道場

법화경을 받아 지닌 이 사람은 머지않아 도량에 나아가리라.

법화행자가 머무는 곳이 곧 도량이니, 이곳을 떠나 다른 곳의 도량을 찾지 말지니라.

법계 중생이 머무는 곳이 곧 도량이니라.

지금의 법화경의 법체法體는 제법실상諸法實相과 구원실성久遠實成의 두 가지 뜻을 품고 있으나, 적문迹門은 실상을 나타내고, 본문本門은 구원을 나타내느니라.

실상은 리理요, 구원은 사事라고 풀이한다.

여시아문如是我聞의 여如는 불변진여不變眞如요,

작례이거作禮而去의 거去는 수연진여隨緣眞如라고 한다.

다보불과 석가모니불께서 나란히 탑 속에 병좌하시고, 시방에서 모이신 분신제불께서 자리를 같이하신 가운데 시호양약是好良藥인 묘법연화경을 설하여 나타내시고, 열 가지 신통력을 나투시고, 상행보살 등에게 이 법을 종지용출품에서 촉루품에 이르기까지 설하시는 본문 팔품의 장엄하고 거룩한 일이 끝났느니라.

묘법연화경 다섯 자를 말법 백법은몰白法隱沒 시 상행 등 지용본화보살이 세상에 나오시어 널리 유포하리라.

시방세계 여기저기에 솟아나와 나무묘법연화경 제목을 사람들의 입에다 넣어주고 귀에다 걸어 주리라.

어아멸도후於我滅度後 응수지사경應受持斯經

시인어불도是人於佛道 결정무유의決定無有疑

내가 멸도한 뒤에 응당 이 경을 받아 지니어라.

이런 사람은 불도에 이르기 결정코 의심이 없느니라.

이 경을 받아 지닌 자 성불함이 결정코 의심이 없다는 자부慈父의
금언金言이니라.

나무묘법연화경 제목을 봉창하면 무명번뇌를 멸하고 묘각妙覺 극
과에 오른다는 세존의 말씀 따라 속성취불신速成就佛身하리라.

대양약인 제목을 소지하고 부처님께 예배하고 작례이거作禮而去하
느니라.

불변진여不變眞如: 변화 없는 본체진여(법성)

수연진여隨緣眞如: 현상계의 연에 따라 일어나는 진여

묘법연화경은 일대사인연 - 맺음말

'묘법연화경은 일대사인연'이란 이름으로 원고를 정리해 왔습니다. 글의 내용은 삼불사 예불집, 법화경 신행요문信行要文에 담겨 있던 것을 다시 정리하여 이 책에 담게 되었습니다.

여러 불자에게 법화경에 대한 신심과 이해를 돕게 하고자 함입니다.

법화경 이십팔품 중 한 품 한 품 중요한 부처님의 금언을 나무묘법연화경 제목에 연계시켜 해설을 하였습니다.

옛적에 일련대사께서 품마다 제목과 연계시켜 해설하여 『일련대사 어서집』이란 책에 남기셨는데, 여기에서 많은 참고를 하였습니다. 불자 여러분의 양해를 구합니다.

나무묘법연화경 제목은 법화행자의 소지품이며, 중생의 독한 병에 대양약임을 말씀드립니다.

오탁악세에 상행보살 등 본화보살들이 시방국토 여기저기에 솟아나와 나무묘법연화경 제목을 중생들의 입에다 넣어주고 귀에다 걸어 줄 것입니다.

거울 속의 노인

어느 날 문득 거울 속에 노인의 모습이 비친다.

세월의 무상함을 느낀다.

젊음이 엊그제 같은데……

거울 속에 저 노인의 모습은 나의 참모습이 아니다.

나의 참모습은 모습 없는 모습이다.

눈으로 보는 대상은 전부가 중간에 생긴 것이다.

중간에 생긴 것은 진정 내 것이 아니다.

때가 되면 내게서 사라질 것이다.

거울 속에 비친 저 노인도 중간에 생긴 것이다.

그래서 저 노인도 때가 되면 내게서 떠나갈 것이다.

사람들은 중간에 생긴 것들이 떠나려고 할 때 놓치지 않으려고 애 태운다.

눈으로 보는 모든 대상은 모두가 중간에 생긴 것이다.

중간에 생긴 것이 내게서 떠나려고 할 때 편안하게 놓아줌이 진정 장부의 마음이다.

부귀영화를 사람들이 다 구하고 바라지만 바른 길이 아니면 가지 말아야 하고, 부끄럽지 않다면 굳이 피할 것이 아니다.

억지로 구하지 말고 순리에 따르라.
순리를 거스르면 반드시 대가가 따른다.

법화행자는 어떤 환경에서도 어떤 경우에 있어서도 행복할 줄 알아야 하고, 그리고 살아남아야 한다.
얻을 것 없는 것을 얻었기에 진정 얻었다 하고, 이것을 얻었다 저것을 잃었다, 모두가 허망한 꿈속의 일이니라.
다 놓고 나면 허공의 바람과 같이 걸림이 없으리라.
있다는 모든 것이 모두 허망한데, 거울 속에 모습이 어찌 허망하지 않겠느냐.

진여법성眞如法性

설산인욕초雪山忍辱草
우음제호득牛飮醍醐得
원교불방편圓敎不方便
불성즉회복佛性卽回復
설산의 인욕초를 소가 먹으면 제호를 얻고,
원교는 방편을 거치지 않고 불성을 곧 회복한다.

이와 같이 극대승인 법화경은 사십여년四十餘年 미현진실未顯眞實의
법을 거치지 않고 곧 진여법성眞如法性을 회복하여 불도를 이루는
것이다.
진여법성은 피차彼此와 인아人我가 없고 대소大小가 없으니 양변을
모두 여읜 것이라.
있는 것도 아니요 또한 없는 것도 아니며, 인因도 아니요 연緣도 아
니며, 자기도 다른 이도 아니며, 모난 것도 아니요 둥글지도 않고,
길고 길지도 않으며, 나오지도 않고 숨지도 않으며, 나고 멸하지도
않으며 만드는 것도 아니요, 일어나지도 않고 짓는 것도 아니며, 앉
는 것도 아니요 눕는 것도 아니며, 다니거나 머묾도 아니며, 움직임

도 아니요 구르는 것도 아니며, 한가함도 조용함도 아니며, 나아감도 아니요 물러감도 아니며, 편안함도 위험함도 아니며, 옳은 것도 아니요 그른 것도 아니며, 얻거나 잃는 것도 아니며, 저것도 아니요 이것도 아니며, 가거나 오는 것도 아니며, 푸르지도 않고 누렇지도 않으며, 빨갛거나 흰 것도 아니며, 붉은 것도 아니요 자줏빛이나 가지가지 색깔도 아니니라.

_『무량의경』

이렇게 진여법성은 양변兩邊을 모두 여의고 있다.

눈으로 보는 대상이 모두 끊어진 것이니 실로 있는 바가 없는 것이다.

진여법성을 범부 중생이거나 성인이거나 차별이 없고 모두 갖추고 있으나, 범부는 이를 알지 못하고 눈으로 보는 경계에 묶여 있고 성인은 진여법성에 안주하고 있음이라.

범부라서 모자라거나 성인이라 더하는 것도 아니다.

경계에 마음을 팔면 온갖 분별심이 일어나 이것을 얻었다 저것을 잃었다 하고, 이것은 옳다 저것은 그르다 하고 온갖 망상을 내느니라.

여래는 삼계의 상相을 실상과 같이 보고 알아 생사와 혹은 물러남과 혹은 나옴도 있음이 없고, 또한 세상에 있거나 멸도하는 자도 없으며, 진실도 아니고 허망함도 아니며, 같은 것도 아니고 다른 것도 아니며, 삼계에서 보는 삼계와 같지 않느니라.

_「여래수량품」

실상(참모습)의 눈으로 보는 경계가 사라진 경지를 여실히 드러내신 여래의 금언金言이시다.

중생의 육안으로 보는 경계가 아니다.

제법실상諸法實相의 경지는 경계를 취하고 묶여 있는 중생의 눈을 뛰어넘고 있는 것이다.

진실도 아니고 허망함도 아니고, 삼계에서 보는 삼계와 같지 않느니라 하신 부처님의 말씀을 깨달아 증득함이 급선무이니라.

진여법성眞如法性이나 제법실상은 말은 달라도 뜻은 다르지 않다.

모두 자성을 두고 하신 말씀이다.

실상에서 보면 생사가 있을 수 없다 하셨다.

무유생사無有生死의 도리를 깨달아 증득하면 나고 죽는 윤회의 고리를 끊을 수 있다.

법화경의 본체는 곧 실상이요,

또 만 가지 법의 본체가 곧 실상이다.

만법이 있다 해도 한결같이 실상으로 드는 문이다.

따라서 팔만 사천의 법문이 법화경으로 드는 문이요 계단이다.

시방제불께서 묘법연화경을 깨달으시고 성불하는 것이라, 묘법은 제불의 사도師道라 하신 것이니라.

모든 부처님께서 출생하시는 종자種子이다.

부처님 제자인 보살들이 한결같이 진여법성을 깨달아 마침내 성불하게 되는 것이다.

저마다 마음 그대로 실상이요 진여심이니, 마음을 떠나 밖에서 구하지 마라.

상자적멸상常自寂滅相이라 함이니라.

진여법성은 항상 스스로 적멸상이니라.

이미 갖추고 있는 법성法性을 회복하면 되느니라.

선택된 사람들

말법시에 법화경을 신용하고 따르는 사람은 부처님으로부터 선택된 사람이다.

법화경을 수지 독송하는 자는 마땅히 알지니라.

부처님의 장엄으로 스스로 장엄하는, 즉 여래를 어깨에 메고 진 것이니라.

선남자여,

내가 멸도한 뒤에 능히 한 사람에게라도 법화경의 한 구절을 설함에 이를지라도 마땅히 알지니, 이런 사람은 즉 여래의 심부름꾼이며 여래가 보낸 바이며 여래의 일을 행함인데, 어찌 하물며 대중 가운데서 널리 사람을 위하여 설함이겠느냐.

_「법사품」

경전의 부처님 말씀이 이러함이니 어찌 부처님으로부터 선택된 불자가 아니겠는가.

이 경을 받아 지닌 자는 시방제불께서 항상 호념護念하심이라,

법화경은 보살을 가르치는 법이요, 제불께서 호념하시는 법이니라.

보살을 가르치는 법이란 육바라밀을 닦아 불도를 이루게 함이요,
제불께서 호념하심이란 모든 부처님께서 깊이 간직하는 법이니라.
모든 부처님께서 법화경을 받아 지녀 수행하시고 성불하셨고, 또
모든 보살들이 이 경을 받아 지니고 수행하여 마침내 성불하게 됨
이다.
비유하면 부처님은 왕이시고 이 경은 부인이라, 화합하여 보살인
아들을 낳았음이라.
이와 같이 법화경을 받아 지닌 자 진정한 부처님의 아들이니라.
부모가 자식을 어찌 호념하지 않겠는가.
따라서 이 경을 받아 지닌 자는 부처님께서 밤낮으로 호념하심
이라,
부처님으로부터 선택된 사람이 아니겠는가.
금생에 이 법화경을 받아 지닌 자는 과거생에 부처님으로부터 이
경을 들은 자이며 모든 부처님께 공양드린 자이니라.

경전에서 이르시기를,
성문이나 만약 보살이 내가 설한 바 법을 한 게송 들음에 이를지라
도 모두 성불함이 의심이 없느니라.
만약 이 법을 듣는 자 있으면 모두 이미 성불하였노라.
또 여래가 멸도한 뒤에 만약 어떤 사람이 묘법연화경의 한 게송이
나 한 구절을 듣고 한 생각으로 따라서 기뻐함에 이르는 자에게 내
가 또 아뇩다라삼먁삼보리의 수기를 주리라.　　　　_「법사품」

이렇게 중생 성불을 증명하셨으니 어찌 허망함이 있겠는가.
어찌 부처님으로부터 선택된 부처님의 제자가 아니겠는가.

보현이여,
만약 여래가 멸도한 뒤 후오백세에 혹은 어떤 사람이 법화경을 받아 지니고 읽고 외우는 자를 보거든 응당 이런 생각을 하되, 이 사람은 오래지 않아 마땅히 도량에 나아가서 모든 마군의 무리를 파하고 아뇩다라삼먁삼보리를 얻어 법륜을 굴리며, 법북을 치고 법소라를 불며 법비를 내리게 하며, 마땅히 하늘과 사람의 대중 가운데서 사자법좌 위에 앉으리라 할지니라.
과거생에 심전心田에 내려진 불종자佛種子가 금생에 법화경을 만나 열매 맺게 됨이니라.
저 하늘에 별들이 다 땅에 떨어질지라도, 오늘이 가고 내일이 오지 않을지라도 법화행자가 성불함은 분명한 진실이로다.
부처님 세존께서는 외아들 라후라를 생각하듯이 법화행자를 호념하심이니라.
옷으로 덮어주시고 착하다고 머리를 어루만져 주심이니라.
시방제불께서 법화경력으로 여래십호를 얻으셨고, 지금의 모든 법화행자들도 법화경력으로 여래 십호를 얻게 됨이 명명백백한 일이로다.

그 어떤 이가 능히 이 경법을 수호하면 곧 나와 다보 부처님께 공양함이 되느니라.

무섭고 두려운 세상에서 능히 잠깐이라도 설하면 일체 하늘과 사람이 모두 공양하리라.

_「견보탑품」

이 법화경을 받아 지닌 자 부처님께 공양을 드림이 되고, 인천人天으로부터 공양을 받는 자 되리라.

본래진면목

저마다 참모습 진여성품은 본각 여래이다.

자신의 본래성품은 바로 부처님의 성품 그대로다.

본구무작삼신本具無作三身의 도리이니, 부처님이라 더함이 있고 중생이라 하열한 것이 아니다.

중생이 깨달으면 부처요,

부처가 미혹하면 중생이다.

그대는 본래부터 순금이었다.

잡철이 순금을 덮었을 뿐이다.

청정한 하늘에 구름이 덮였으나 지혜의 바람이 구름을 걷어 가면 청정 하늘 그대로다.

본래성불本來成佛은 만고불변의 진리다.

저 태양이 땅에 떨어진다 해도, 허공이 무너진다 해도 변함없는 진리다.

부처님께서 세상에 오셨든지 가셨든지 중생의 본래성불은 위없고 고귀한 진리이다.

여래수량품의 구원실성久遠實成 상주불멸常住不滅의 진리가 십법계十法界의 가장 고귀한 선물이요 행복이요 사연이다.

십법계十法界의 진면목은 구원실성久遠實成이요 상주불멸常住不滅이다.

그리고 모두의 절대적 존엄성이다.

그야말로 천상천하유아독존天上天下唯我獨尊이다.

구원실성 상주불멸은 우리 모두의 사연이요,

내 자신의 사연이다.

이러한 도리를 깨닫는다면 시방 국토가 불국토 아님이 없고, 과거·현재·미래 삼세를 통하여 부처님 아니 계심이 없어, 시공時空을 초월하여 아니 계시는 때가 없고 아니 계시는 곳이 없는 것이다.

부처님께서 세상에 오신다는 것도, 또 열반에 드신다는 것도 방편方便일 뿐이다.

부처님께서 세상에 출현하심을 보이시는 것은 묘법연화경을 설하시어 모든 중생을 제도 해탈케 하심이요,

또 열반의 모습을 보이시는 것은 역시 중생으로 하여금 갈앙심을 내게 하고 부처님을 사모하고 공경심을 내게 하고자 하심이니, 오고 감이 진실로 없건마는 방편方便으로 오고 감을 보이시는 것이다.

부처님께서 세상에 출현하심은 모든 중생이 이미 여래의 성품을 구족하고 있다는 것을 일러 주시려 함이요,

본구무작삼신本具無作三身의 도리를 알게 하시고자 오셨다.

이러한 뜻이 온전히 담겨 있는 바가 곧 법화경 여래수량품의 구원실성久遠實成 상주불멸常住不滅의 도리다.

나무묘법연화경 일심으로 부를 때 자신 가운데 잠들고 있는 부처가 깨어나리라.

자아득불래自我得佛來하고 게송을 외울 때 본구무작삼신불本具無作三身佛이 구족되어 있음을 깨닫게 되리라.

중생이 성불한다는 것은 본래 성불을 회복하는 것이다.

그 본래성불을 회복하는 직도가 나무묘법연화경 제목을 부를 때요, 자아득불래 게송을 외우는 일이다.

상재영취산常在靈鷲山 급여제주처及餘諸住處
항상 영취산과 또 다른 모든 곳에 머물고 있느니라.

자아게에서 밝히신 내용이다.

부처님께서는 영취산과 또 다른 모든 곳에 항상 머물고 계신다는 말씀이다.

영취산이란 법화경이 유통되고 행해지는 곳이요,

다른 모든 곳이란 시방 법계 다른 모든 곳이 아님이 없다.

부처님께서 아니 계시는 곳이 없다는 말씀이다.

한데 왜 부처님을 뵙지 못할까. 전도된 생각 때문이다.

이 경을 받아 지닌 자 부처님을 뵈온 자요,

부처님께 공양드린 자이니라, 경전의 말씀이다.

법화행자는 부처님과 동행하는 자이다.

부처님은 항상 여기에 계시건마는 전도된 중생은 가까이 있어도 보지 못함이니라.

본래진면목은 여래의 한량없는 덕성德性을 갖추고 있다.

일체 만법이 진여眞如의 성품을 벗어나지 않는다.

소욕지족少欲知足

소욕지족少欲知足, 적은 것에서 만족할 줄 안다.

법화행자는 적은 것에서 만족할 줄 알아야 한다는 경전의 말씀이다.

부자는 재물이 많고 적음에 있다는 것이 아니라 만족할 줄 아는 것에서 좌우된다.

아무리 많이 가졌어도 만족할 줄 모르면 이는 부자가 아니다.

돈에 속박 당하고 재물의 시중꾼이 되면 이는 마음이 가난한 자이다.

재물에 묶이면 그것의 시중꾼이 되고 옹색함이 된다.

비록 적게 가졌어도 만족할 줄 알면 이런 사람을 부자라 한다.

백년탐물일조진百年貪物一朝塵

삼일수신천재보三日修身千載寶

백 년 동안 탐낸 재물은 하루아침의 티끌이요,

삼일 동안 닦은 마음은 천년의 보배이니라.

이러함이 곧 수행자의 마음이다.

재물에 자유스러운 자가 곧 부자이다.

재물과 도道는 짝하지 않는다.

어느 한쪽을 택해야 한다.

재물에 뜻을 두면 도는 멀어질 것이고, 도에 뜻을 두면 재물에
대하여 자유스러워져야 한다.

한 톨의 곡식을 얻기 위해 탐욕심을 내면 만겁의 식량을 잃게 되느
니라.

수행자에게는 재물이 오물이 될 수 있으니, 탐내어 재물을 구하려
한다면 삼독심貪瞋癡이 되어 자신을 악도에 들게 한다.

무가보주無價寶珠 계여의리繫汝衣裏
값도 모를 보배구슬을 너의 옷 속에 매어 두지 않았던가.

저마다 값도 모를 보배구슬이 자신 가운데 있건마는 이를 알지 못
하고 한 톨의 곡식을 구하려고 애쓰고 있는 것이니라.

재물의 가치성은 모으는 데 있는 것이 아니라 활용하는 데 있는 것
이다.

재물을 어떻게 활용하느냐에 따라 가치성이 달라지는 것이다.

10억~20억 값나가는 아파트를 몇 채 가졌다고 해서 다 부자가 아
니다.

이런 아파트 한 채 없어도 주변을 윤택하게 하는 사람이 부자가 아

니겠는가.

베풂이 없는 부자는 진정 부자가 아니다.

베풀 재물이 없다면 마음으로 베풀면 된다.

그리고 봉사활동으로도 베풀 수 있다.

옛말에 얻어먹을 힘이 있으면 남을 도울 힘이 있다고 했다.

수행자는 법을 베풀어 주변을 윤택하게 하면 된다.

베풂에는 세 가지가 있다.

재보시, 법보시, 무외시 등이다.

가난한 자에게는 재물을 베풀고, 고통을 받고 있는 자에게는 법을 베풀어 고통에서 건지고, 두려움에 빠진 자에게는 두려움에서 건져내는 일이다.

수행자는 재물에 묶이고 속박 당해서는 안 된다.

무소유無所有는 가진 바가 없다는 뜻이다.

도는 물질이 아니기에 이것을 얻었다 저것을 잃었다 함을 벗어나 있다.

육신을 유지함에는 반드시 필요한 것이 의식주이다.

의식주에서 소욕지족少欲知足함이 곧 수행자의 마음이다.

적은 것에서 만족할 줄 아는 마음이 곧 부자이다.

그들은 나의 복밭이었다

교도소 안에 종교시설이 들어서 있다.

불교법당, 기독교회당, 천주교성당 등.

이 시설에서 종교행사가 진행되고 있다.

법화사문 혜성이도 도량 보살들과 같이 법화경을 유포하기 위해 창원교도소와 부산교도소를 드나들고 있다.

창원교도소 법당에 스님이 쓴 작은 액자가 벽에 걸려 있다.

자아게 첫 게송 부분이다.

이 액자에 기묘년이 표시되어 있으니 교도소를 드나든 지 20년이 넘었다는 뜻이다.

부산교도소, 창원교도소에서 매달 한두 번씩 법화경 강설법회를 열어 왔다.

그러나 지금은 코로나 바이러스로 인하여 법회가 올해 1월부터 열리지 못하고 있다.

법을 설하는 스님도, 법을 듣는 재소자도 아쉽고 안타깝기는 같은 심정이다.

지금도 재소자들로부터 안부편지가 오고 있다.

도량에 앉아 법을 듣기 위해 찾아오는 불자를 기다릴 것이 아니라 법을 듣고자 하는 사람들이 있는 곳으로 찾아간 곳이 바로 교도소이다.

그곳이라고 해서 대충 시간이나 때우고 하는 것이 아니라 정성과 열정으로 법회를 열어 왔다.

그곳에서 법을 듣는 재소자들은 한결같이 법을 전하고자 하는 스님의 열정을 인정한다고 한다.

부산교도소 대법회는 300명 이상이 동참한다.

스님은 사좌후를 토해낸다.

겁화가 활활 타는데 마른풀을 짊어지고 그 가운데 들어가서 아니 탐은 어렵다고 할 수 없으나, 내가 멸도한 뒤에 만약 이 경을 지니고 한 사람에게라도 설하기는 이것이 곧 어려움이니라.

_「견보탑품」

이렇게 이 법화경을 설하기가 어려운데, 그곳 교도소는 재소자들이 법을 듣기 위해서 법당에 모여 있으니 법을 전파하기에 어려움이 별로 없다.

이렇게 보면 재소자 그들은 스님의 복전福田이 되는 셈이다.

스님이 법을 설하고자 하나 법을 들을 상대가 없다면 설할 수 없다.

그곳에서는 법을 들을 대중이 모여 있으니, 스님의 복밭이 아닐 수 없다.

그들은 나의 복밭이었다.

법을 설함에 한 치의 소홀함이 없었다.

목말라하고 있는 그들에게 법비를 내리게 하고 법북을 쳐야 하는데, 하는 생각을 늘 갖고 있다.

스님은 그들에게 '여기 왜 왔는가?' 하고 물었다.

아무도 답하는 사람이 없었다.

여러분들이 이 교도소에 들어온 연유를 스님이 짚어 보겠다.

첫째, 참아야 하는데 참지 못해서 여기에 왔고,

둘째, 굶어야 하는데 굶지 않으려다 여기에 왔고,

셋째, 죽어야 하는데 죽지 않으려다 여기에 왔다.

이 말에 이의가 있는 사람은 말해 보거라.

아무도 말하는 사람이 없었다.

스님이 다시 짚어 보겠다.

모든 재앙은 참지 못하는 데서 생긴다.

재물과 이성 그리고 명리名利를 얻기 위해서, 모든 것에 애탐愛貪에 빠져 여기에 온 연유가 되었다.

그리고 굶어야 하는데 굶지 않으려고, 남을 해치고 남을 울리고 남을 속이고 또 손해 끼치고 여기에 왔다.

또 죽어야 할 형편에 죽지 않으려고 남을 해치고 여기에 왔다.

노력하지 않고 무엇을 얻으려고 하는 마음이 있으면 언제든지 남을 해칠 수 있고 다칠 수 있다.

남을 해치고 자신의 욕망과 탐욕을 채우려 하는 것보다 차라리 죽는 것이 더 나을 수 있다는 뜻이다.

이제 우리는 남을 속이고 울리고 해치는 것보다 차라리 굶을 형편이면 굶고, 죽을 형편이면 죽는다는 각오로 생활한다면 곧 반듯한 사람이 될 것이다.

자신이 지은 업은 자신에게 돌아온다.

악인악과惡因惡果 선인선과善因善果이다.

이를 인과응보因果應報라 한다.

부귀영화를 사람들이 다 바라고 좋아하지만 바른 길이 아니면 가지 말아야 하고, 빈천함을 다들 싫어하지만 부끄럽지 않다면 애써 피할 것이 아니다.

스님의 설법 중에서 묘법연화경 강설이 중심이 되지만 교양과 덕목을 배양하는 법문도 또 세상 살아가는 지혜들도 설해 왔다.

특히 나무묘법연화경 제목을 봉창할 때나 자아게를 외울 때 교도소 내 봉창하는 함성이 가득하다.

길고 긴 코로나 바이러스와의 전쟁이 끝나면 스님은 그곳을 다시 찾으리.

그리고 부처님의 거룩한 법을 법비가 내리듯 전해 드리리.

이 경은 지니기 어려우니(此經難持)

모든 선남자여,

내가 멸도한 뒤에 누가 능히 이 경을 받아 지니고 읽고 외우겠느냐.

지금 부처님 앞에서 스스로 맹세의 말을 할지니라.

이 경은 받아 지니기 어려우니 만약 잠깐이라도 지닌다면 내가 곧 환희하며 모든 부처님도 또한 그러함이니,

이와 같은 사람은 모든 부처님께서 칭찬하시는 바이며, 이것이 곧 용맹이며, 이것이 곧 정진이며, 이를 이름하여 지계持戒라 하며, 두타頭陀를 행하는 자이니, 곧 위없는 불도를 빨리 얻게 되느니라.

능히 오는 세상에서 이 경을 읽고 지니면 이는 진실한 불자이니 거룩한 땅에 머무르며, 부처님 멸도하신 뒤에 능히 그 뜻을 해설하면 이는 모든 하늘과 사람과 세간의 눈이 되며, 무섭고 두려운 세상에서 능히 잠깐이라도 설하면 일체 하늘과 사람이 모두 응당 공양하리라.

_「견보탑품」

모든 경전 가운데서 법화경이 제일이니, 이 경을 받아 지닌 자 곧 부처님의 몸을 지님이라.

부처님 멸도하신 뒤에 누가 능히 이 경을 받아 지니고 읽고 외우겠
느냐.

부처님 앞에서 스스로 맹세하고 언약하라 하심이니라.

이 경은 받아 지니기 어려우니 잠깐이라도 지닌다면 부처님께서
기뻐하시고 찬탄하신다는 게송이다.

이 게송을 차경난지此經難持라 한다.

이것이 용맹이란 보시바라밀이요,

이것이 정진이란 정진바라밀이며,

지계란 지계바라밀이요,

두타頭陀란 생활 규범이니 선정바라밀이며,

거룩한 땅에 머무름은 곧 인욕바라밀이요,

능히 그 뜻을 해설한다 함은 지혜바라밀이라 한다.

이 경을 받아 지닌 자는 곧 육바라밀을 행함이 되는 게송이다.

'나무묘법연화경' 제목을 부를 때가 곧 육바라밀을 닦는 때가 됨
이라.

묘법연화경을 수행함이 정육바라밀을 닦는 때요,

실제로 육바라밀을 행함이 겸행육바라밀을 닦음이 됨을 분별공덕
품에서 밝히시고 있다.

불법 수행은 세상을 등지고 이루어질 것이 아니라 세상 속에서 세상과 더불어 이루어져야 한다.

다만 세상에 휩쓸리지 말아야 한다.

이런 도리를 법화경에서는 세간상상주世間相常住라 하셨다.

세간의 모든 것이 제법실상諸法實相의 도리에 벗어남이 없다.

세간이든 출세간이든 제법실상의 도리에 벗어나지 않는다.

일체 만법이 제법실상의 진리를 벗어남이 없다.

일체 법이 실상으로 드는 문이니라.

사업하는 말이나 정치하는 말이나 세상살이 하는 말이 모두가
정법正法에 어긋남이 없다.

이러함이 곧 제법실상의 도리다.

세상에 있다는 모든 것이 끝내 공空으로 돌아간다.

두두물물頭頭物物이 부처요,

일마다 불사이라.

부처님께서는 출몰出沒이 없으시고 생멸生滅이 없으시나, 이러한 도리를 일러 주시려고 세상에 출현하시는 것이다.

부처님께서는 세상에 항상 계시건마는 전도된 중생은 비록 가까이 있어도 보지 못하느니라.

진여眞如의 법신法身을 인격화人格化함이 곧 부처님이시니 어찌 오고감이 있으리오.

제불 여래께서 생멸이 없으시나 중생을 교화 제도하기 위하여 생멸의 모습을 보이시는 것이라, 부처님께서 출현하심을 보이시는

것은 모두 방편이요,

또 멸도함을 보이시는 것도 모두 방편일 뿐이다.

진실로는 항상 영취산과 또 다른 모든 곳에 머물고 계시건마는 중생을 제도하기 위하여 열반에 든다고 말하느니라.

생각이 뒤바뀐 범부를 위하여 실로 있으면서 멸도한다 말하느니라.

부처님의 삼종신은 방등方等으로부터 얻나니

이 대승경전은 모든 부처님의 보배 창고이며, 시방삼세 모든 부처님의 안목眼目이며, 삼세三世 제여래諸如來께서 출생하는 종자種子이니 이 경을 지니는 자는 불신佛身을 지님이며, 곧 부처님의 일佛事을 행함이니라.

마땅히 알지니, 이 사람은 곧 바로 부처님께서 심부름시키신 바이며, 모든 부처님 세존께서 옷으로 덮은 바이며, 모든 부처님 여래의 진실한 법자法子이니라.

대승大乘의 인因이란 모든 법法의 실상實相이니라.

여래가 멸도하신 뒤 후오백세에 법화경을 받아 지니고 읽고 외우는 자는 오래지 않아 마땅히 도량에 나아가서 모든 마군의 무리를 파하고 아뇩다라삼먁삼보리를 얻어 법륜을 굴리며, 법북을 치고 법소라를 불며 법비를 내리게 하며, 마땅히 하늘과 사람의 대중 가운데서 사자법좌 위에 앉으리라.

오역죄인 제바달다도 천왕여래 기별 받고, 팔세 용녀도 즉신성불하였는데, 나라고 해서 성불 못함이 있겠는가.

시방제불께서 한결같이 묘법연화경을 받아 지녀 수행하고 성불하셨거늘, 묘법을 수행하는 사람들이 성불 못함이 있겠는가.

극대승인 법화경은 모든 부처님을 출생하는 모태母胎이며, 모든 보
살이 길러지는 요람이 됨이니, 모든 보살의 사도師導이니라.

법화경은 바로 열반성涅槃城에 이르는 직도이며, 세 가지 종류인 부
처님의 청정한 몸이 났나니,

이 삼종신三種身은 인천의 복밭이라 응공應供 가운데서 가장 으뜸
이니라.

그 어떤 이가 법화경을 읽고 외우면 마땅히 알지니, 이 사람은 부처
님의 공덕으로 장엄하여 모든 악은 영원히 멸하고 부처님의

지혜로 좇아 나느니라.

_『행법경』

이 사람은 나고자 함에 자재함이니라(自在所欲生).

범부는 생멸법生滅法에 집착하고
성인은 적멸법寂滅法에 안주한다.
범부는 경계를 취하고
성인은 마음을 취한다.

무상게 無常偈
제행개무상諸行皆無常 개시생멸법皆是生滅法
생멸개멸이生滅皆滅已 적멸시위락寂滅是爲樂
모든 행이 다 무상하니
이러함이 다 생멸법이다.
생멸법을 다 멸해버리니
열반의 즐거움이더라.

_『열반경』

정심정의생정견正心正意生正見
사심사의생사견邪心邪意生邪見
바른 마음 바른 뜻은 바른 견해를 낳고
삿된 마음 삿된 뜻은 삿된 견해를 낳는다.

정심자매사긍정正心者每事肯定
사심자만사부정邪心者萬事否定
바른 마음을 가진 자는 매사에 긍정적이고

삿된 마음을 가진 자는 만사에 부정적이다.

유화자인심지미柔和者人尋之美
교만자인심지추驕慢者人尋之醜
부드럽고 온화한 자는 사람의 아름다움을 찾고
교만한 자는 사람의 추함을 찾는다.

법신사리法身舍利

시법불가시是法不可示 언사상적멸言辭相寂滅
이 법은 가히 보일 수도 없고 말과 형상이 적멸이니라.

대승 평등법은 구경의 법이라 가히 드러내어 보일 수도 없어 말과
형상이 적멸이니, 이 법을 어떻게 전할 것인가. 언설言說하지 아니
하면 제자들이 제법실상諸法實相의 도리를 증득할 수 없으므로 부
득이 말을 빌려 설한 것이다.
따라서 부처님의 말씀이 곧 부처님의 마음이요 부처님 당체이다.
대승인 법화경은 부처님의 혼魂이요, 부처님의 정요精要요, 부처님
의 혈맥血脈이다. 대승을 통하여 제도되지 못한 자로 하여금 제도
되게 하고, 이해하지 못한 자로 하여금 이해하게 하고, 편안하지 못
한 자로 하여금 편안하게 하고, 열반하지 못한 자로 하여금 열반을
얻게 하느니라.
제법실상의 진리는 말길이 끊어졌기에 일체어언도단一切語言道斷이
요, 마음으로 헤아림이 멸했으니 심행처멸心行處滅이라 한다.
그러나 언설을 사용하지 아니하면 진여법성眞如法性을 전할 길이
없고 제법실상을 증득할 길이 없으므로 부득이 말을 사용함이라.

대승의 부처님 말씀은 한 자 한 자가 법신체法身體요, 이 대승으로 인하여 모든 중생들이 일여평등一如平等한 여래의 덕성德性을 회복하여 열반성涅槃城에 들게 되느니라.

진흙 속에 묻혀 있는 진주를 꺼내서 진흙을 닦아냄으로써 진주인 줄 알게 된다.

이와 같이 무명번뇌에 묻혀 있는 진여의 법성을 부처님의 금언金言으로 인하여 일체 중생이 법성法性을 회복하게 되느니라.

일체 법이 본래부터 언설과 모양을 여의었으며, 이름과 모양을 여의었고, 모든 모습을 여의었기에 필경에 평등하여 변하고 달라짐이 없는 것이다.

따라서 얻으려야 얻을 것도 없고 잃으려야 잃을 것도 없는 것이다.

구경의 진리는 형상이 없으므로 모습으로 법을 구하려 한다면 끝내 얻을 수 없느니라.

모든 법이 형상이 없고 언설이 끊어졌다 할지라도 부처님의 언설로 인하여 모든 고통에서 벗어나고 생사의 강을 건너 열반성에 이르게 되었도다.

부처님의 언설이 곧 부처님의 마음이니라.

구경의 진리는 언설이나 문자를 뛰어넘고 있다.

그러나 문자를 통해서 법의 뜻을 전하고자 함이요, 문자를 이용해서 불심佛心을 전하고자 함이며, 문자를 사용해서 깨달음을 전하고자 함이니라.

따라서 경전의 문자는 삿됨을 끊어내는 이검利劍이요, 깨달음을 건네주는 배가 되고 열반성으로 인도하는 등불이요, 어둠을 파하는 광명이니라.

경전의 문자 한 자 한 자가 모두 법신사리法身舍利라.
이 경전이 머무는 곳에는 부처님의 진신사리도 모시지 말라. 왜냐하면 이곳에는 이미 여래의 전신如來全身이 계시느니라.
뜻이 이러한데도 선객들은 경전은 부처님의 말씀이요 선정을 닦음은 부처님의 마음을 닦음이라 하고 있다.
여래의 말씀과 마음이 어떻게 다른지 묻고 싶다.
마음을 떠나 무슨 말씀이 있겠느냐.
말에 의지하지 말고 뜻에 의지하라 하신 부처님 말씀을 새겨보면 경전의 말씀 속에 부처님의 혼魂이 담겨 있음을 알 수 있으리라.

부처님의 마음을 전하고 싶다

혜성 사문은 경전의 말씀을 통하여
부처님의 마음을 전하고 싶다.
경전의 말씀 가운데 담겨 있는
부처님의 참 뜻을 전하고 싶다.

법화경 구구절절 부처님의 마음이 담겨 있다.
글자마다 담겨 있는 부처님의 마음을 전하고 싶다.
경전의 내용은 부처님의 말씀이고
참선은 부처님의 마음이라고 선객들은 말한다.
법화경 한 자 한 자에는 부처님의 혼魂이 담겨 있다.
법신사리法身舍利다.

경전 속에 담겨 있는 부처님의 혼을 전하고 싶다.
부처님의 말씀과 부처님의 마음이
어떻게 다른지 선객에게 묻고 싶다.
마음을 떠난 말씀이 어디에 있겠느냐.

심사불이心辭不二이니라.
법화경 게송마다, 구절마다
부처님의 혼이 담겨 있는 줄 왜 모르는가.
경전의 내용이 십법계十法界의 사연인 줄 안다면
부처님의 마음을 전할 수 있으리라.

경전의 말씀을 깊이 믿고 정진 수행이 따를 때
부처님의 혼을 설할 수 있고
부처님의 마음을 전할 수 있을 것이다.
부처님의 언설言說이 곧 부처님의 마음이며
부처님의 혼이 담겨 있느니라.

경전의 문문을 의지하지 않고 부처님의 마음을
전한다는 것은 공허空虛하기 그지없어
허깨비 불교, 공갈 불교가 될 수 있느니라.
경전에 의지하여 부처님의 마음을 전할지니라.

마음이 가난한 자는 많이 가졌어도
계속 채우려고 하고
마음이 넉넉한 자는 소욕지족少欲知足할 줄 안다.
범부는 얻어서 행복할 줄 알고
성인은 버려서 행복을 얻는다.

작년에 가난은 지팡이 꽂을 땅도 없더니
올해 가난은 지팡이마저 없네.

_ 작가 미상

어제는 찻잔이 비었더니
오늘은 빈 찻잔마저 없네.

범부는 한 톨의 곡식을 얻기 위해
일생을 보내고
성인은 만겁의 식량을 얻고서는
거기에 안주한다.

금생에 명리名利는 한 톨의 곡식과 같고
금생에 법화경을 얻은 것은
만겁의 식량을 얻은 것이니라.
마음이 가난하면 법이 가난하고

마음이 넉넉하면 법이 부유하다.
왜냐하면 만 가지 온갖 법이
마음으로부터 비롯되기 때문이다.

하늘에서 내리는 비는 차별없이
골고루 내리건마는
작은 나무, 중간 나무, 큰 나무
비를 받아들이는 쪽은 각각이니라.
부처님의 법비는 차별없이 내리건마는
법을 받아들이는 쪽은 각각이니라.

진실은 변개變改하지 않는다

거짓이 진실을 가린다 해도

진실은 변개하지 않는다.

진실은 항상 진실로 남는다.

어떤 사람이 4년 징역형을 받자

진실을 진실로 밝히는 데

1년이 걸렸다는 말이 들린다.

세존께서는 진실을 밝히시는 데

40여 년이 지난 후였다.

부처님께서 40여 년간 설하신 법을

미현진실未顯眞實이라 선언하셨다.

40여 년간 법을 설했지만 진실을 나투지 않았노라.

이제 미현진실의 법을 버리고

다만 진실한 법인 무상도를 설하노라

선언하시고는 법화경을 설하시었다.

불법의 진실한 법을 설하시고자 함에

40여 년의 광음光陰이 지났다.

세존의 법은 오랜 뒤에야 요긴한 진실을 설하느니라.

세간법이든 출세간법이든 진실은 때가 되면

드러나기 마련이다.

거짓은 언젠가는 깨어지지만

진실은 진실로 남는다.

어떤 경우에도 진실은 변개하지 않는다.

거짓으로 진실을 덮으려 함은

참으로 어리석은 일이다.

하늘이 무너져도 진실은 그냥 진실일 뿐이다.

옳은 것을 그르다, 그르다 해도

옳은 것은 옳은 것이고,

그른 것을 옳다, 옳다 해도

그른 것은 그른 것이다.

살아있는 권력으로 진실을 덮으려 하고 있다.

탐진치 貪瞋癡

탐진치는 자신의 마음으로부터 일어나
자신을 망가뜨리고 또 주변을 오염시키기 때문에
삼독심三毒心이라 합니다.

탐진치의 탐내고 성내고 어리석은 마음은
사람의 품격을 떨어뜨리고 삶의 질을 손상시키기 때문에
삼독심이라 합니다.

탐내는 마음은 보시행으로 다스리고
성내는 마음은 자비행으로 다스리고
어리석은 마음은 부처님의 가르침으로 다스립니다.

탐진치는 악도에 들게 하는 근본입니다.
삼독심은 자신으로부터 나왔기에
다스리는 법도 자신에게 있습니다.
묘법연화경은 삼독심을 다스리는 대양약입니다.

명리名利를 얻기 위해 삼독심을 일으킨다면
비록 명리를 얻었다 해도 무거운 업이
기다리고 있습니다.
단 삼일 동안이라도
범행梵行을 닦고 청정심을 찾는다면
천년의 보배가 됩니다.

탐내는 마음은 모든 고통의 원인이 되고
윤회의 쇠사슬이 되며,
성내는 마음은 지은 복과 공덕을 태우는
사나운 불이 되며,
어리석은 마음은 축생길에 떨어지는
인과因果가 됩니다.

업이 가벼운 자는 삼독심을 경계하고
업이 무거운 자는 삼독심에 빠지게 됩니다.

세존께서는 방편으로 짧은 것을 먼저 나투시고
짧은 것이 나타나자 긴 것을 나투시고
긴 것이 나타나자 긴 것마저 버리셨네.
이런 도리가 짧은 것과 긴 것이 둘이 아님이요,
중도실상中道實相의 법이로다.

짧은 것은 금생의 수명이요
긴 것은 본래 본체의 수명이로다.
진실도 아니요 허망함도 아니며
육안으로 보는 삼계와 같지 아니함이니라.

무명이 두터우면 믿고 이해하기 어렵고
무명이 엷으면 믿고 이해하기 쉬우니라.

세존께서는 먼저 방편법을 설하시어
중생들의 집착심을 끊게 하시고
뒤끝에야 유일불승唯一佛乘을 나투시니
비로소 중생 성불의 문이 열렸도다.

세존께서는 먼저 근성신近成身을 나투시어
굶주리는 중생들을 허기에서 건지시고는
뒤끝에야 구원신久遠身을 나투시어
삼세에 걸쳐 상주常住하심을 밝히시니
중생들의 만겁의 식량을 내리셨도다.

무명의 안개가 짙으면 분간하기 어렵고
무명의 안개가 엷으면 열반성이 눈앞에 있네.

우리가 걱정해야 하는 것은
늙음이 아니라 녹슨 생활이다.
우리는 늙어 가는 것이 아니라
점차로 성숙해 가는 것이다.

우리는 채워 가는 것이 아니라
점차로 비워 가는 것이다.
채우다 보면 업이 무거워져서
먼 길 가는 데 힘들어 쓰러질 것이다.

우리가 걱정해야 하는 것은
넘치는 그릇에 자꾸만 채우려고 하는 것이다.
우리는 낡아 가는 것이 아니라
날마다 진화해 가고 있다.

우리는 늙어 가는 것이 아니라
나날이 영글어 가고 있다.
늙었다고 다 늙은 것이 아니고
젊었다고 다 젊은 것이 아니다.
얼마를 살았느냐가 아니고
어떻게 살았느냐가 중요하다.

우리는 늙어 가는 것이 아니라
나날이 젊음을 행해 가고 있다.
늙음과 젊음이 수레바퀴처럼
반복해서 돌고 있다.

우리는 늙어 가는 것이 아니라
점차로 영글어 가고 있다.
삶의 열매가 지혜의 열매가
묘법과 더불어 익어 가고 있다.

만약 사람이 병이 있어
이 법화경을 얻어 들으면
병이 곧 소멸하여
늙지도 않고 죽지도 않느니라.

법화도량 삼불사에서 출간된 경전 및 해설집

◇ 묘법연화경 한글 한문 합본

　양장케이스 | 양장제본 신국판 | 1,270쪽 |
　값 40,000원

◇ 묘법연화경 한문본

　양장케이스 | 양장제본 신국판 | 550쪽 |
　값 25,000원

◇ 묘법연화경 한글본

　양장케이스 | 양장제본 | 750쪽 |
　값 25,000원

◇ 묘법연화경 강설집

　혜성 스님 저 | 양장제본 |
　전4권 각권 380쪽 | 값 60,000원

◇ 법화경 신행기 "양약을 먹지 않는 지구촌놈들"

　혜성 스님 저 | 380쪽 | 값 10,000원

◇ 풍경소리-혜성 스님 25시

　혜성 스님 저 | 320쪽 | 값 10,000원

◇ 산사의 향기

　- 법화경의 이해와 깨달음
　혜성 스님 저 | 350쪽 | 값 15,000원

◇ 묘법연화경 한문 사경용

　1질 9권 | 양장케이스, 끈제본 금장표시 |
　국배판 | 773쪽 | 값 70,000원

◇ 묘법연화경 한글 사경용

　1질 9권 | 양장케이스, 끈제본 | 국배판 |
　663쪽 | 값 60,000원

◇ 법화경 신행요문

　-예불,독경,수행,법화경의 진수
　혜성 스님 저 | 양장제본 | 380쪽 |
　값 12,000원

◇ 법화경 신행기

　- "부처가 중생의 탈을 쓰고"
　- 묘법연화경 본문 8품 강설
　혜성 스님 저 | 상하권 각 280쪽 |
　각 권 값 8,000원

◇ 법화소식 법화산림 삼십년

　- 법화경의 모든 것
　혜성 스님 저 | A4 | 900쪽 |
　값 47,000원

◇ 내가 저절로 성불해 옴이

　-법화경을 담박 깨닫는 책
　혜성 스님 저 | 380쪽 | 값 17,000원

◇ 유튜브 동영상

　- 혜성스님 묘법연화경

※구입문의: 삼불사 전화: 055-583-3107 팩스: 055-583-6885

※신행상담 환영: 19:00~20:00(오후 7:00~8:00)

어아멸도후於我滅度後

응수지사경應受持斯經

시인어불도是人於佛道

결정무유의決定無有疑

내가 멸도한 뒤에

응당 이 경을 받아 지니어라.

이런 사람은 불도에 이르기

결정코 의심이 없느니라.

_「여래신력품」

혜성 스님

법철 스님으로부터 대승구족계를 수계(무인년)하였으며, 30여 년을 오로지 법화산림에 정진하고 있다.

현재 법화도량 삼불사 주지, 교도소 교정위원으로 있으면서, 『묘법연화경』을 여설수행如說修行 광선유포廣宣流布함에 신명을 다하고 있으며, 최근 『법화산림 30년』을 출간하여 후학들에게 수행의 등불을 밝혀주고자 하였다.

지은 책으로 『내가 저절로 성불해 옴이(自我得佛來)』, 『산사의 향기』, 『묘법연화경 강설』(전4권), 『풍경소리』, 『양약을 먹지 않는 지구촌놈들』, 『법화경 신행요문』, 『부처가 중생의 탈을 쓰고』, 『법화의식집』 등이 있다.

법화경은 중생 성불의 혈맥血脈

초판 1쇄 인쇄 2021년 3월 25일 | 초판 1쇄 발행 2021년 4월 5일
글쓴이 혜성 | 펴낸이 김시열
펴낸곳 도서출판 운주사

　　　(02832) 서울시 성북구 동소문로 67-1 성심빌딩 3층

　　　전화 (02) 926-8361 | 팩스 0505-115-8361

ISBN 978-89-5746-639-1 03220　값 18,000원

http://cafe.daum.net/unjubooks 〈다음카페: 도서출판 운주사〉